국제금융

INTERNATIONAL FINANCE

국제금융

임태순 지음

한국학술정보㈜

오늘날 글로벌시장을 무대로 전개되고 있는 기업들은 너무나 경쟁적인 경영환경에 노출되어 있다. 이러한 경쟁적인 분위기는 시간이 흐름에 따라 더욱더 심화되어 가고 있는 실정이다. 얼마 전까지만 해도 자주 사용되던 개선(改善, かいぜん, improvement)이란 용어 대신에 이제는 혁신(innovation)이나 혁명(revolution)과 같은 용어가 주로 사용되는 사실만 보아도 심화되고 있는 경영환경의 변화를 실감하게 된다.

경쟁이 심화되는 경영환경의 변화 속에서, 등불을 밝힌 21세기의 여명이 밝은 지도 벌써 10년이 지나고, 이제 새로운 10년을 준비하고 있다. 빠르게 변화하는 경영환경은 현대를 영위하는 기업인들에게 더 이상 과거의 생각 속에 안주해서는 기업의 밝은 미래를 보장받을 수 없다는 위기감을 느끼게 하고, 변화하는 시대적인 요청을 받아들이게 강요하고 있다. 경영인들은 화두가 되는 '지속 가능한 성장(sustainable growth)'을 실현하기 위하여 지속적인 노력을 경주해야만 한다는 커다란 전제하에 다가오는 시대적 요청에 어떻게 현명하게 대처할 것인가 하는 연속적인 고민을 안고 살아간다.

경영학의 대가로 칭송받는 짐 콜린스는 그의 저서인 『좋은 기업을

넘어 위대한 기업으로(Good to great)』에서 기업들은 이제 과거에 생
존을 하기 위하여 요구되었던 '강한(strong) 기업'과 '좋은(good) 기업'
이란 차원을 넘어서 '위대한(great) 기업'으로 발돋움을 해야 한다고
역설하였다. 하지만 최근 들어서는 '위대한 기업'도 모자란다고 주장
하는 소리가 들린다. 따라서 이제는 '위대한 기업'을 넘어 '존경받는
(admired) 기업'이 되어야 한다고 역설하고 있다. 변화하는 환경 속에
서 단지 과거의 승리에 안주하지 말고 '존경받는 기업'으로 거듭나야
한다는 주장은 기업들이 환경 변화에 선제적으로 대응해야 한다는
것을 깊이 당부하고 있는 것 같아 설득력 있게 가슴으로 다가온다.

'존경받는 기업'으로 발돋움을 하기 위한 전제조건과 시대적인 요
청은 무엇일까? 물론 그 해답은 여러 곳에서 찾을 수 있을 것이다. 하
지만 그중에서도 해답의 출발점은 역시 현실에 대한 정확한 인식에서
부터 시작되어야 하지 않을까? 오늘날 세계는 점차 지구촌이라는 좁
은 세계(small world)로 바뀌어 가고 있다. 시간과 공간적인 관점에서
볼 때, 지구촌은 나날이 과거 그 어느 때보다도 더 좁은 세계로 다가
오고 있고, 글로벌 금융위기와 유럽의 재정위기를 통하여 파급효과를
통한 국제금융의 중요성을 또다시 피부로 느끼게 되었다. 이와 같이

국제금융시장은 24시간 내내 꺼지지 않는 등불로 지구촌을 돌면서 틈새를 허용하지 않는 파수꾼 역할을 수행하고 있다는 생각이 든다. 따라서 우리나라 기업들도 이제는 세계화(globalization), 자율화(liberalization) 그리고 증권화(securitization)로 특징지어지는 국제금융시장을 통하여 경쟁력을 갖춘 지속 가능한 글로벌 기업으로 거듭나고, 크고(big) 강한 (strong) 기업의 차원을 넘어 이제는 존경받는 기업으로 다시 태어나기를 바라는 마음으로 이 책의 출간을 서두르게 되었다.

본서는 국제금융에 대한 기초개념서이다. 본서는 총 5부로 꾸며졌다. 제1부는 국제금융시장의 환경으로 국제금융시장을 살피는 입문의 장들로 구성되어 있다. 세부적으로는 국제재무관리, 국제통화제도 그리고 유럽통화 단일화에 대한 내용을 다루었다. 제2부는 외환시장에 초점을 둔 내용으로 구성하였다. 세부적으로는, 외환시장의 구조 및 환율, 환율의 결정방법에 대해 논의하였다. 제3부는 환위험관리에 관한 내용으로 선도환 및 금융시장을 이용한 헤징방법, 선물거래, 통화선물, 국제파생상품 그리고 환위험을 관리하는 방법에 대해 기술하였다. 제4부에서는 국제차입과 국제은행에 대한 내용을 다루었으며 마지막으로 제5부에서는 국제투자에 대한 내용으로 국제 채권투자,

주식투자 그리고 해외직접투자에 대한 내용까지 포함하여 다루었다.

국제금융에 대한 새로운 내용을 보충하기 위하여 지속적으로 최신 내용으로 보완하는 작업이 반복적으로 진행되어 왔지만, 아직까지도 다 채우지 못한 여백에 대해서는 계속 보완해 나가야 할 과제로 남겨 놓으며 아울러 독자들의 조언도 함께 당부 드린다. 그리고 집필과정에서 선지식(善知識)들이 주신 인용의 기회에 대해 깊이 감사드린다. 이러한 과정에서 이미 출간된 훌륭한 국제금융이나 글로벌 금융의 교재와 전문서적의 도움이 없었더라면 본서의 집필이 불가능했으리라 생각되기에 거듭 감사드린다.

본서의 특징을 요약하면 다음과 같다.

첫째, 국제금융에 대한 내용을 알기 쉽도록 구성하였다. 우선은 독자들의 이해를 도모하기 위하여 미시적인 내용에 치중하기보다는 거시적인 틀 속에서 국제금융시장 전체를 먼저 살피는 데 도움이 되도록 노력을 기울였다. 따라서 국제금융에 관해 이미 상당한 지식을 가지고 있는 분들뿐만 아니라 처음으로 국제금융을 접하는 분들도 이해하는 데 커다란 어려움이 없도록 내용을 구성하였다.

둘째, 국제금융에 대해 탄탄한 이론적 배경과 지식을 습득할 수 있도록 내용을 구성하였고 환위험관리를 습득하여 실무에 적용할 수 있도록 내용을 골고루 배분하여 구성하였다. 또한 국제금융과 관련되어 이슈가 되는 주요 화두를 학습할 수 있는 장을 동시에 마련하기 위하여 각 장의 본문 말미에는 스스로 심화학습을 할 수 있도록 '심화학습' 난을 마련하였다.

셋째, 시간적인 제약 속에서 생활하는 독자들을 위하여 내용의 구성형식은 가능한 한 긴 서술형의 내용을 지양하고 핵심내용을 중심으로 정리하는 방식으로 구성하였다. 따라서 국제금융에 대한 체계를 핵심 위주로 간략하게 정리할 수 있게 구성하였다.

넷째, 스스로 학습내용을 점검할 수 있도록 각 장의 말미에 '요점정리'를 간략하게 제공하였고, '참고문헌'을 제공하여 학생들이 참고한 서적을 통하여 스스로 학문의 영역을 넓힐 수 있는 문헌을 덧붙여 제공하였다.

　　마지막으로 이 책이 출간되기까지 많은 분들의 수고가 있었다. 먼저 출간을 허락해 주신 한국학술정보(주) 채종준 사장님께 감사를 드린다. 또한 편집과 교정을 맡아 주신 편집부 직원 여러분들과 표지를 디자인해 주신 디자인편집부 여러분들께도 심심한 사의를 드린다. 그리고 항상 변함없이 따뜻한 사랑으로 응원을 보내 주는 우리 가족에게도 감사함을 전한다.

2012년 7월
태성원에서
임태순

차 례

국제금융시장의 환경

1. 금융환경 변화의 특징이 주는 의미는 무엇인가?
2. 국제금융시장의 개관 및 기능은 무엇인가?
3. 국제금융센터란 무엇이며 어떠한 구비조건을 갖추어야 하는가?

제1장 국제재무관리

1. 국제금융환경의 변화

1.1. 국제금융환경의 변화

1) 금융의 세계화(globalization) 또는 통합화

자본이동의 가속화, 영역 규제 완화, 파생상품의 개발, **option**의 허용

24시간 결제시스템(NY → JPN → HK → UK)

예) 개별종목의 선물 허용, ECN시장 개장[1]

경쟁 심화 → MMF, MMDA 등 새로운 상품의 출현

2) 금융의 규제 철폐(deregulation) → 효율성 창출

예) 한국 외환위기 이후 개인의 외환 소지 허용

---

1) 과거에 운영되던 ECN 시장은 현재 운영되고 있지 않다.

3) 직접금융(direct financing) → 증권화

예) ADR: NYSE-KF(Korea Fund), KEF(Korea Equity Fund)

포철, 한전(KEP) 등

4) 새로운 금융상품(new financial product)

고객의 **needs**에 부응, 금융시장의 효율성 증대, 위험의 증대

예) 파생상품

☞ 함께 생각하기

☞ **IMF**의 교훈-국제금융의 이해 및 지식의 필요성 대두(귀에 익은 '소로스', 헤지펀드 등)

1.2. 환경 변화에 따른 정책의 변화

1) 국내기업 중심: 변화의 필요성 대두

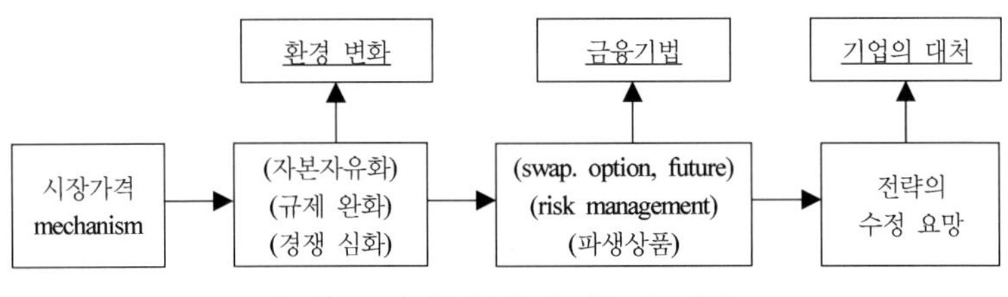

〈그림 1-1〉 환경 변화에 따른 정책 변화

2) <u>사례</u>: 일본의 기업

〈표 1-1〉 일본기업의 변화

구분	대규모 자금부족기 (1차 석유파동 이전)	자금부족 축소기	자금부족 재확대
시기	1960년대부터 19734년까지	1974년부터 1986년까지	1986년 이후
특징	· main bank 체제 · 간접조달에 의존	· 정부의 규제 완화 · 해외DR발행시장 (해외자금조달↑) · 해외금융자회사 설립	· 주가 상승 · DR 발행 확대 · 직접금융-특히 equity financing 증대

2. 국제금융시장의 개관

2.1. 국내금융시장

· 화폐시장(money market)

만기 기간이 1년 이내인 금융시장

예) 은행권의 MMDA

· 자금시장(capital market)

만기가 1년 이상으로 화폐시장에 비하여 상대적으로 장기인 시장

− 사채시장(bond market): (한국) 국채, 지방채, 공채, 사채, CD, CP

(미국) federal funds, RP, T−bill, CD, CP

− 주식시장(equity market): SEC 통제하

2.2. 외환시장

외환시장(Fx Market: Foreign Exchange Market)의 24시간 거래 시스템

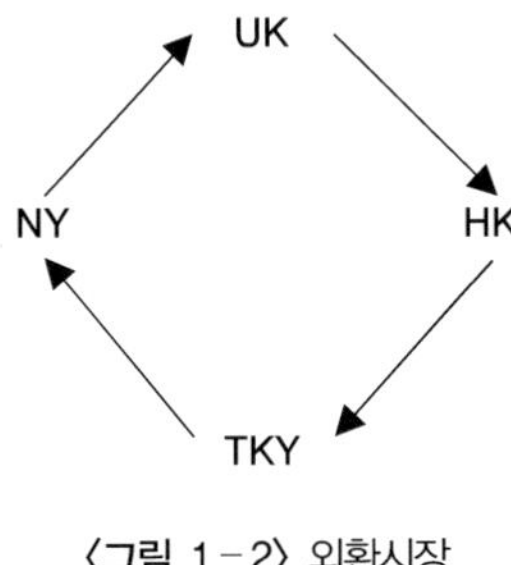

〈그림 1-2〉 외환시장

2.3. 유로시장

개념: 각국의 금융규제를 받지 않는 역외시장(offshore market)
예) 달러표시예금이 런던, 싱가포르에서 이루어질 때

종류: eurocurrency market
    eurocredit market
    eurobond market

기능: B국의 차입자에게 A국 투자자의 자금제공이 가능하게 하는
    기능
즉, ① 투자자에게 일정 수익하에 최대수익을 보장(optimal mix of
assets)

② 차입자에게 최소 조달비용으로 최대유동성을 보장(optimal mix of financing)함으로써 차입자와 투자자 모두의 부의 극대화(wealth maximization) 실현

결론적으로, 자율적이고 효율적인 시장을 유지하게 한다.

3. 국제금융센터

☞ 함께 생각하기

☞ 여러분이 생각하는 국제금융센터는 어디에 있으며, 또한 국제금융센터가 되기 위한 조건은 무엇이라고 생각합니까?

3.1. 국제금융센터

금융의 중심: 주식시장-NY(뉴욕)
외환시장-LDN(런던)
보험시장-LDN(런던)

3.2. 국제금융센터의 조건

1) 정치적인 안정(political stability)
2) 금융하부구조(financial infra-structure) 확충

3) 체계화된 시스템(regulatory system)

4) 정보기술(informational technology)

예) 로이터, 다우존스, 쿼트란에서 블룸버그 시대로

5) 금융지식 및 경험 많은 전문가의 확충(financial expertise)

투자 이야기: 워런 버핏[2]

세계적인 투자자요, 동시에 세계적 갑부인 워런 버핏(Warren Edward Buffett)은 우리나라에서도 저서나 매스컴과 같은 여러 채널을 통하여 이미 잘 알려진 인물이다. 더욱이 금융 관련 지식에 관심이 높은 독자층에서는 '투자의 귀재'로 알려진 워런 버핏에 대해 너무 잘  알고 계시리라 추측되기 때문에 이곳에선 투자와 함께 살아온 워런 버핏의 삶과, 투자 부문과 사회환원 부문에 한정지어 다시 살펴보고자 한다.

워런 버핏은 세계 최고의 갑부란 사실만으로도 그의 일거수일투족이 세인들의 주목을 받기에 충분하지만, 2006년 그는 자신이 소유한 자산의 85% 이상을 기부한다는 발표를 하여 세인(世人)들을 다시 놀라게 한 적이 있다. 11살부터 주식투자를 시작한 그는 26살이 되던 해에 고향인 네브래스카의 조그만 도시인 오마하에서 투자회사를 설립하고 6년 후인 32살에 이미 자신의 순자산이 100만 달러가 넘는 백만장자가 되었다. 그 후 그는 사업 수완을 발휘하여 방직회사, 투자회사, 백화점 및 보험회사를 차례로 인수하면서 사업영역을 넓혀 나갔고 동시에 부도 일궈 나갔다.

---

2) 출처: 핵심재테크, 임태순, 이담북스, 2010, p.92.

마침내 2007년 말에 620억 달러, 한화로 약 62조(이해를 돕기 위해 1달러＝1,000원으로 환산한 값임)로 세계 최고의 갑부에 등극했다. 버핏의 투자비결은 가치(value)투자로 유명한데, 즉 자신이 이미 잘 알고 있는 회사에 한정하여 내재가치보다 주가가 저평가되었을 때만 투자하는 것으로 유명하다.

[요점정리]

1. 국제금융환경은 세계화 및 탈규제 속에서 하루가 다르게 새로워지고 있고, 국경 없는 치열한 경쟁으로 내몰리고 있다. 이런 환경 변화는 새로운 금융상품을 통하여 고객의 욕구를 만족시키고 있으나 이에 대한 위험은 점점 더 증대되고 있다. 따라서 기업 차원에서 환경 변화에 대응하여 적절한 기업재무의 변화 및 전략이 요구되고 있다.

2. 유로시장은 차입자와 투자자의 부의 극대화를 실현하는 기능을 갖는다.

3. 국제금융센터가 되기 위한 조건으로는 정치적인 안정, 금융하부구조 확충, 정비된 시스템, 정보기술 그리고 금융전문가가 필수적이다.

[참고문헌]

강호상, 『글로벌 금융시장』, 법문사, 2009.
이종철, 『글로벌 금융론』, 박영사, 2011.
임태순, 『경영학의 이해』, 한국학술정보(주), 2012.
______, 『재무관리의 이해(공저)』, 법문사, 2012.
______, 『재무관리』, 한국학술정보(주), 2011.
______, 『주식시장과 투자』, 한국학술정보(주), 2011.
______, 『글로벌경영』, 한국학술정보(주), 2011.
______, 『핵심재테크』, 이담북스, 2010.
______, 『금융시장』, 한국학술정보(주), 2010.
______, 『현대경영학의 개관(공저)』, 법문사, 2006.
조갑제, 『국제금융』, 두남, 2009.
최낙복, 『국제금융』, 두남, 2011.

1. 국제통화의 기본요건은 무엇인가?
2. 국제통화제도는 어떻게 발전하여 왔는가?
3. 고정환율제도와 변동환율제도란 무엇인가?

제2장 국제통화제도

1. 국제통화의 요건 및 기능

1.1. 국제통화의 기본요건

국제통화(international currency)란 국제적으로 통용되는 세계적인 화폐를 말한다. 이러한 국제통화가 되기 위한 기본요건으로는 유동성, 안정성, 이체성과 같은 3가지 요소를 충족시켜야만 한다.

1) 유동성(liquidity)

국제통화가 되기 위해서는 충분한 유동성이 확보되어야 한다.

즉, 국제통화의 기본요건 중에서도 유동성을 가장 우선되는 요건으로 지적하는데 이는 유동성이 확보되어야만 통화를 유통시키고자 하는 사용인들한테 통화에 대한 신뢰성을 부여하기 때문이다.

우리는 1997년 말 IMF를 맞이하면서 '유동성 부족(the lack of liquidity)'
이나 '유동성 함정(the trap of liquidity)'과 같은 용어를 많이 사용하
였다.

① 유동성 부족이란 지불해야 하는 양에 못 미치는 현금이 확보되어
지불불능의 상태를 의미한다.
② 유동성 함정이란 유동성 부족과 같은 의미로도 사용되는데 유동
성 부족보다는 일시적인 유동성의 부족 상태에 놓인 현상을 지칭
할 때 많이 사용된다.

2) 안정성(stability)

국제통화의 기본 요건으로는 안정성을 유지해야 한다.

국제통화가 안정성을 유지하지 못한다면 국제경제의 혼란을 가중
시킬 수도 있기 때문이다. 여기서의 안정성이란 여러 가지 의미가 있
겠지만 주로 환율의 변화와 관계된 내용이다. 즉 기축통화가 안정되
어 있지 못하고 그 환율의 변화 폭이 매우 크다고 가정한다면 그 화
폐에 대한 사용자들의 불안심리가 가중되어 결국 국제통화로서의 역
할을 수행하는 데 어려움이 존재하게 된다.

3) 이체성(transferability)

국제통화는 다른 통화로 언제라도 이체할 수 있어야 한다.

이체성의 문제는 다국적기업의 운영에서 관계되는 '국가위험'을
평가하는 항목 중의 하나인 '본국으로 송금'과 관계된 내용과 같은

내용으로 볼 수 있다. 즉 국제통화는 고객들이 원하는 화폐로 언제든지 교환 또는 이체가 가능해야 하는 요건을 구비해야 한다.

1.2. 국제통화의 기능

1) 결제통화(settlement currency)

국제통화는 결제통화의 기능을 수행해야 한다.

주로 무역거래 대금지불의 수단으로 이용되는 경우를 의미하며 국제통화의 기능 중에서 순수한 거래의 기능이며 본원적인 기능이라고 할 수 있다.

2) 대외지불준비통화(reserve currency)

국제통화는 대외지불준비의 기능을 수행해야 한다.

'예비적 통화'의 의미로서 대외지불을 위한 준비적 기능을 의미한다.

3) 개입통화(intervention currency)

국제통화는 개입통화의 기능을 수행하여야 한다.

순수한 기능인 결제통화의 기능이 무역과 관계된 거래와 관련이 있다면 개입통화는 재무적인 성격을 갖는 기능으로 볼 수 있다.

개입통화란 자국과 관련된 이해를 고수하기 위한 방편으로 환율에 인위적인 개입을 하는 기능을 의미한다.

예) 1977년 외환위기 때 외환보유고가 약 300억 달러에서 30억 달러로 저하

> 과거 일본이 수출을 장려하기 위한 수단으로……. 그 후 우리나라도 고도 성장기를 추구하던 '70~'80년대 통화에 많이 개입하여 인위적인 환율을 유지하고자 했다는 의혹을 외국으로부터 산 적이 있다.

♀ free floating: 자유(시장기능에 의존하는)변동환율제

중앙은행이 시장참여자에 대항하여 어떤 인위적인 개입을 하지 않은 형태로 시장참여자에는 투자자(investor), 투기자(speculator) 또는 매매차익자(또는 재정거래자라고도 하며 **arbitrager**) 등이 있다.

♀ managed floating: 관리변동환율제

중앙은행이 바람직하다고 생각하는 환율수준을 벗어날 때 어떠한 형태로든 시장에 개입하여 시장참여자들과 힘겨루기를 통하여 원하는 환율수준으로 인위적인 조작을 하는 형태를 말한다. 만일 힘겨루기의 **money game**에서 중앙은행의 승리는 원하는 환율을 유지할 수 있고 반대로 시장 개입 실패는 투기적인 시장참여자들에게 막대한 이익을 안겨 주고, 환율은 시장참여자들이 예측하는 방향으로 움직이게 된다.

역사적으로 볼 때 정부의 환율 개입에 따른 성공 여부는 환율 변동의 압력이 일시적인 경우와 경제의 구조적인 경우에 따라 크게 달라진다. 구조적인 경우(예: 지속적인 무역적자 등)는 대부분의 경우 실패로 돌아갔고, 일시적인 경우는 효과를 보기도 한다.

사례)

① 조지 소로스('hedge fund의 왕' - 퀀텀펀드 운용)의 영국은행과
일본은행과의 money game

② 1997년 태국발 아시아의 외환위기

clean floating: 깨끗한 변동환율제

dirty floating: 더러운 변동환율제

1.3. 국제통화의 부문별 기능

〈표 2-1〉 국제통화의 부분별 기능

구분	공적부문	민간부문
지불수단	개입통화 (intervention currency)	거래통화 (transaction currency)
가치보존	대외준비통화 (reserve currency)	투자통화 (investment currency)

2. 국제통화제도의 발달

국제통화제도에서 학습할 내용은

1) 제2차 세계대전 후 시작된 브레턴우즈 체제가 붕괴된 이후 1970년대의 자유변동환율제, 1980년대는 주로 국가 간의 협의에 의해 인정되는 관리변동환율제로 운영

2) 유럽통화통합으로 유로화가 등장했는데, 이런 것이 시사하는 의

미를 재고찰

유럽경제와 금융시장의 통합이 가속화되리라 예상되며, 통화제도적인 측면에서는 국제통화가 미국 일변도의 독점체제에서 벗어나기 때문에 세계 각국에 통화운영의 전략적인 다양성 부여

3) 우리나라의 통화제도의 변천사

2.1. 금본위제도(gold standard)

금본위제도란 자국화폐 1단위당 일정량의 금으로 표시하는 금평가(gold parity)제도이다.

1) 고전적 금본위제도

중세 이후의 국제통화는 금과 은 같은 금속물질이 주로 사용되었다.

1816년 영국은 금을 통화로 하는 금본위제를, 1870년 영국에 이어 독일, 프랑스 그리고 일본 등이 금본위제를 채택

2) 제1차 대전이 발발하기 전인 1914년까지

3) 자국통화의 한 단위를 금의 일정량으로 표시하는 금평가제도

4) 금의 호환성(convertibility) 보장

5) 국제수지 자동조절 기능

국제수지의 적자→(금의 유출: 국내 금보유량 ↓)→(통화량 ↓)→(물가 ↓)→
(자국상품경쟁력 ↑)→(상대국상품경쟁력 ↓)→(수출 ↑)(수입 ↓)=자동균형

〈그림 2-1〉 금본위제도하의 국제수지 조정

6) 1914년 1차 대전으로 인해 금의 자유로운 유·출입이 불가능해지고, 아울러 금의 탈환이 어려워짐에 따라 금본위제도는 붕괴

2.2. 금본위제의 복귀

1) 1차 세계대전 후 일시적 변동환율제를 채택하였으나 1923년에서 1928년 사이 금본위제도로 복귀 시도
2) 일시적인 변동환율제 운영, 금본위제로 복귀 시도한 이유는 경제부흥과 통화가치 안정 필요성의 대두
3) 문제점 대두: 금본위제도 이전의 환율 유지에 어려움
1차 대전 후 미국의 국제수지흑자, 영국의 전후 경제력 쇠퇴. 즉 전후 전쟁 이전의 물가를 유지하기에 어려움이 있었고 각국의 상황이 또한 다르게 전개
4) 1931년 영국의 금탈환 정지, 1930년대 대공황

2.3. 브레턴우즈(Bretton Woods) 협정체제(1944~1977)

실질적인 의미에서, 현대 환율제도의 역사는 1944년 7월 미국 뉴햄프셔 주의 브레턴우즈에서 맺은 브레턴우즈 협정부터 시작된다고 볼 수 있다.

1) IMF(국제통화기금)의 발족
- 2차 세계대전 후 각국이 경쟁적으로 자국화폐 평가절하

- 1930년대의 대공황으로 인한 각국 간의 협조체제 약화. 즉 외환
  시세가 불안정하고 무역의 차별조치 등
- 외환시세 안정, 외환제한의 철폐 그리고 국제수지 균형을 위해
  케인즈(영국)안과 화이트(미국)안이 제출됨. 그러나 케인즈에 의
  해 입안된 케인즈안은 자국의 이익보호에 치중하고 화이트안은
  영국의 이익을 제거하려는 상충되는 면이 있어서 결국 절충됨
- 1944년 7월 미국 뉴햄프셔 주의 브레턴우즈에서 브레턴우즈 협
  정의 결과로 1946년에 국제통화기금(IMF: International Monetary
  Fund) 발족

2) 금환본위제도(gold exchange standard)

- 금환본위제도는 브레턴우즈 체제의 통화제도
- 달러를 금에 고정[혹은 페깅(pegging)]: 1달러를 1/35온스의 금으
  로 고정하고 IMF 통화는 달러에 페깅
- 따라서 미국의 달러가 주요 국제통화로 부상

3) 조정가능고정환율제도(adjustable fixed exchange rate system)

- 브레턴우즈 체제하에서 자국통화의 환율범위는 원칙적으로 각
  1% 범위
- 국제수지의 근본적인 불일치 시에는 10% 범위 내에서 조정 가
  능한 고정환율제도
- 문제점: 무역량 확대로 금 부족분을 달러의 공급을 늘려서 보충함
  으로써 미국국제수지의 지속적인 적자 상태 및 유동성 문제 대두

⇒ 유동성 딜레마(liquidity dilemma)에 의한 달러의 신인도 저하

- 따라서 1945년~1958년까지는 달러의 부족기
- 1968년 금의 이중가격제 도입(도입배경은 미국의 국제수지 악화)
중앙은행 간 거래에만 금 사용, 민간시장에서는 금 공급 중단

4) 스미스소니언(Smithsonian agreement) 협정

- 1970년대 미국의 수지 적자 악화. 마침내 미국의 닉슨 대통령이
  금의 탈환 정지를 선언함에 따라 브레턴우즈 체제 붕괴
- G-10이 1971년 워싱턴에서 국제통화제도의 안정과 국제무역
  확대를 위해
- 1973년 금 1온스=38달러
- 미국 달러의 평가절하, 일본의 엔화, 독일의 마르크화의 평가절상

5) Bretton Woods system 몰락

- 2차 평가절하(배경: 영국 파운드화의 경상수지 악화에 따른 변
  동환율제도 도입)
- 금 1온스=42.22달러(73년 2월)
- 브레턴우즈 시스템의 몰락

6) 킹스턴(Kingston system) 체제

- 1976년 1월 킹스턴 체제
배경: 미국은 변동환율제, 프랑스는 고정환율제 주장
- 1975년 11월 파리정상회담

- SDR(특별인출권) 본위제도와 변동환율제

- IMF에 의해 국제유동성 부족 및 기축통화 신인도 저하를 방지
  하기 위해 인위적으로 창출된 국제준비자산

7) EMS(European Monetary System) 발족(1980) 'snake in the tunnel' system 운용

'snake in the tunnel(터널 속의 뱀)'이란 원통형의 도관(pipe)에 뱀을 넣은 형태와 같이 도관(pipe) 속에 있는 뱀이 움직일 수 있는 최대치가 도관의 원주를 벗어날 수 없듯이 각국 간의 환율을 일정한 범위 내에서 마음대로 움직이게 하는 시스템을 의미하며 일정기간을 두고 서서히 도관의 굵기를 좁힘으로써 결국 각국 간의 통화를 일정한 비율로 일치시키기 위해서 만든 제도이다. 유럽공동체(EU)가 역내 국가들 간의 경제적인 동질성을 증진하기 위하여 환율의 변동을 일정 범위 내에서 제한하는 노력의 일환으로 1979년 유럽통화체제(EMS)가 발족하면서 둔 환율제한폭 제도를 말한다.

8) 유로화 지폐 및 동전 사용(2002)

2002년 1월부터 자국의 화폐와 같이 동시 사용

2002년 3월부터 자국의 화폐 통용을 정지함으로써 명실상부한 유로화 통용

3. 우리나라 통화제도의 발달

1) 1981년 - 복수통화바스켓제도

복수통화제도란 달러를 포함하는 주요국의 통화로 구성된 통화바스켓을 만들고 원화의 가치를 그 통화바스켓의 가치에 연동하여 운용하는 제도로서 그 당시 주요국의 통화로는 우리나라 무역과 직간접적인 관련이 많은 나라의 통화를 지표로 이용하였다. 따라서 환율이 중앙은행에 의하여 고시되면 고시된 환율은 1일 동안 고정되던 제도이다. 실제적으로는 수출에 장애가 되는 원화 과대평가를 방지하는 효과가 있었고 한 통화에 대해 환율을 조금씩 움직여 가는 크롤링펙(crawling peg)제도이다.

외국으로부터의 비난: '수출장려를 위한 통화조작'이라는 비난을 받기도 하였다.

2) 1991년 - 시장평균환율제도

장기적인 자유변동환율제로 이행하는 준비단계로 '91년 3월부터 시작된 제도로 매일매일의 변동폭에 일정한 제한을 두었지만 하루의 시작환율을 전일 시중 은행 간 거래에 적용된 환율의 가중치로 정하고 시장에서 하루 중의 환율이 자유롭게 변하게 하는 제도이다.

전일 국내외환시장에서 외국은행 간 거래량과 거래환율의 가중평균으로 1일 변동폭을 0.4% 이내로 한정하였다.

3) 1995년-1일 변동폭을 2.25% 이내로 확대

4) 1997년 11월-1일 변동폭을 10% 이내로 확대

5) 1997년 12월-자유변동환율제 선언

자유변동환율제 채택의 의미:

동남아에서 유발되어 전염효과(contagion effect)에 의한 국내 환율
방어 실패, 외환 보유고 감소 등 계획적이고, 자의성이 강한 성격의
자유변동환율제가 아니고 상황 적합적인 선택으로 출발하게 되었다.
따라서 새로운 환율제도의 환경하에서 대처할 역량의 필요성이 국제
재무관리나 금융관계자에게 요구되는 시점이다.

4. 고정환율제도와 변동환율제도

4.1. 고정환율제도의 장단점

1) 고정환율제도(fixed exchange rate system)

고정환율제도란 두 나라 간 환율을 정해 놓고 이를 유지하는 시스
템이다.

2) 평가

고정환율제도를 유지하면 환율이 안정되어 환위험으로부터 자유로울 수 있다.

따라서 환위험 헤지 수단이 발달하지 않은 개발도상국이나 중소기업의 입장에서는 유리한 제도이다. 또한 국제수지가 자동으로 조절되는 장점도 가지고 있다.

그러나 국제수지의 흑자는 인플레이션으로 이어지고 교역의 성과에 따라 교역상대국에 파급효과를 주는 부정적인 면을 가지고 있다. 또한 고정환율제를 유지하기 위해서는 많은 양의 외환 보유고를 유지해야 하는 문제점을 가지고 있다.

4.2. 변동환율제도의 장단점

1) 변동환율제도(floating exchange rate system)

변동환율제도란 두 나라 간의 환율이 경제상황에 따라 유연하게 변동할 수 있는 제도로서 고정환율제도가 가지는 문제점을 보완할 수 있다.

2) 평가

변동환율제도의 장점은 일국의 경제상황이 타국에 파급효과를 주는 문제점을 차단할 수 있는 장점을 가지고 있고 또한 많은 외환 보유고를 유지해야 하는 부담을 줄일 수 있다.

그러나 환율의 변동성으로 인하여 국제무역거래나 해외투자를 위축시킬 수 있는 문제점이 있으며, 국제수지 불균형을 심화시킬 수도 있다. 또한 환투기 대상이 될 수 있다는 문제점을 내포하고 있다.

日 개인투자자, 신흥시장 위험자산 투자 확대[3]

"일본에서 가장 매력 있는 신랑감은?"

일본 재무성은 얼마 전 이 같은 광고 카피를 내놓고 국채 판매를 선전해 화제를 모았다. 젊은 일본 여성 5명이 대화를 나누며 가장 매력 있는 신랑감으로 '국채 투자 전문가'를 선택하는 게 광고의 주요 내용이다. 국채 투자는 그만큼 안정적이고 매력적인 재테크 수단이라는 의미다. 아이러니하게도 재무성이 이 같은 광고 카피까지 고안한 이유는 국채 투자에 대한 매력이 갈수록 떨어지고 있기 때문이다.

저금리로 일본 투자자들이 국외 위험자산 투자를 늘리고 있다.

일본의 개인투자자들이 주로 투자하는 국채 5년물의 연리는 0.4% 정도에 불과하다. 금융회사들이 주로 투자하는 10년 만기 국채의 이자율도 1%를 간신히 넘을 정도다. 제로금리 시대가 2년간 지속되며 마땅한 투자상품이 사라지고 있는 가운데 국채 투자도 더 이상 매력

---

3) 출처: 매일경제신문. 2011년 2월 23일자 기사내용.

적인 상품이 아니라는 공감대가 형성되기 시작했다. 최근 수년간 '저축에서 투자'로 재테크 관념이 바뀌면서 일본 투자자들이 과거에 비해 뚜렷하게 공격적인 투자 성향을 보여 주고 있는 것과도 무관하지 않다는 분석이다.

일본은행에 따르면 지난해 말 시중 금융회사들이 보유 중인 외화표시예금은 총 4조 8,300억 엔에 달했다. 이는 전년보다 2.8% 증가한 수치인 동시에 관련 통계가 작성되기 시작한 이후 사상 최대 규모다. 현지 시장 전문가들은 제로금리와 엔화 강세가 지속되고 있는 가운데 신흥시장의 통화 등 고위험·고수익 상품에 대한 투자가 크게 늘어났기 때문이라는 분석을 내놓고 있다. 실제로 일본 금융회사 창구에는 최근 들어 호주달러나 브라질의 헤알, 남아공의 랜드 등에 투자하는 상품들이 대거 등장하고 있다.

이런 가운데 최근에는 한국수출입은행도 일본 개인투자자를 대상으로 400억 엔 규모의 채권(4년 만기)을 발행하는 데 성공했다. 이 채권은 일본 이외의 지역에서 발행한 채권을 주간사(다이와증권)가 인수해 일본 내 개인투자자들에게 고정금리(1.05%)를 주고 소액 분할 판매하는 채권이다. 기관투자자를 대상으로 발행되는 사무라이본드보다는 이자율이 다소 낮았지만 한국 투자에 관심이 많은 일본 내 개인투자자들을 끌어들이는 데 성공하면서 발행 물량이 성공적으로 소화됐다.

글로벌 금융위기 이후 관망 자세를 유지했던 일명 '와타나베 부인'들이 최근 활발하게 투자에 나서는 움직임도 곳곳에서 포착되고 있다. 와타나베 부인이란 저금리 엔화로 고금리 국가의 금융상품에 투자하는 외환증거금 거래에 나서는 일본의 부유층 주부들을 가리키는 용어다. 일본의 외환증거금 거래 총액은 지난해 2,116조 엔을 기록해 전년보다 4.7% 증가한 것으로 집계됐다. 도쿄금융거래소의 외환증거금 계약건수는 1억 993만 매로 전년에 비해 55%나 증가했다. 일본 금융당국이 외환증거금의 100배 이상에 달하는 투자배율(레버리지)을 이용하는 외환증거금 거래에 대해 '투기 성향을 띠고 있다'고 판단하고 지난해 증거금 액수를 50배로 제한하는 규제조치를 시행했다.

그러나 당국의 규제에도 불구하고 발 빠른 와타나베 부인들은 유럽의 재정위기와 미국의 금융정책, 환율 변동폭 등을 활용하며 고위험 투자에 대거 나서고 있는 것으로 파악됐다. 특히 온라인 외환증거금 거래의 수수료 면제 서비스가 확산되면서 단타 차익을 노린 매매가 대거 늘어난 것으로 확인됐다. 엔화 값이 연초 달러당 81~82엔대에서 강보합세 박스권을 형성하고 2년간 유지됐던 제로금리정책이 당분간 더 유지될 것으로 예상되면서 와타나베 부인들의 공격적인 외환상품 투자는 올해 더욱 늘어날 것으로 예상된다.

일본에서 개인과 금융회사가 보유 중인 자국 국채 물량은 지난해 말 현재 일본 정부가 발행한 전체 국채 잔액의 약 95%에 달한다. 국제신용평가기관들이 일본의 재정위기를 잇따라 경고하고 나섰지만 그리스 등 유럽 국가들과 달리 일본은 국채 대란이 빚어질 가능성이 매우 낮다는 분석이 나오는 것도 바로 자국민들의 국채 보유가 절대다수를 차지하고 있기 때문이다. 하지만 일본인들의 자국 국채 이탈과 국외 위험상품 투자가 가속화되면서 일본도 더 이상 재정위기의 안전지대가 아니라는 전망이 나오고 있다. 실제로 최근 일본 재무성이 발행한 국채는 자국 국민들보다 중국 정부가 더 큰 관심을 보이는 것으로 알려졌다. 일본 개인투자자들의 재테크 패턴 변화가 일본의 국가재정정책에도 적잖은 영향을 미치고 있는 셈이다.

[요점정리]

1. 국제통화의 요건으로는 유동성, 안정성, 이체성을 가져야 한다. 국제통화제도는 금본위제도에서 출발하여 브레턴우즈 체제, 스미스소니언 합의, 브레턴우즈 포기 등 변화와 발전을 거듭하면서 2002년에는 유로화 지폐 및 동전이 통용되고 있다.

2. 우리나라의 통화제도는 1997년 외환위기 이후 자율변동환율제도를 채택하고 있다.

3. 환율제도로서 변동환율제도와 고정환율제도가 있는데 이들은 각각 제도의 장점과 아울러 단점을 내포하고 있다.

[참고문헌]

강호상, 『글로벌 금융시장』, 법문사, 2009.
이종철, 『글로벌 금융론』, 박영사, 2011.
임태순, 『경영학의 이해』, 한국학술정보(주), 2012.
______, 『재무관리의 이해(공저)』, 법문사, 2012.
______, 『재무관리』, 한국학술정보(주), 2011.
______, 『주식시장과 투자』, 한국학술정보(주), 2011.
______, 『글로벌경영』, 한국학술정보(주), 2011.
______, 『금융시장』, 한국학술정보(주), 2010.
______, 『현대경영학의 개관(공저)』, 법문사, 2006.
조갑제, 『국제금융』, 두남, 2009.
최낙복, 『국제금융』, 두남, 2011.
매일경제신문, 2011년 2월 23일자 기사내용.

학습목표

1. 유럽통화제도가 어떻게 발달하여 왔는가?
2. 유럽통화 단일화의 전개과정 및 우리에게 던지는 시사점은 무엇인가?
3. 경제 주체별 유로금융시장의 거래는 어떻게 이루어졌는가?

제3장 유럽통화 단일화

1. 유럽통화제도의 발달

1970년대 초 브레턴우즈 체제가 무너지면서 주요 국가 간의 환율이 자유변동(free floating)하는 국면을 맞이하였음에도 불구하고 유럽경제공동체(EEC: European Economic Community) 회원국들 간의 경제적인 동질성 증진을 자신들이 구상하고 있는 장기적인 유럽통합의 의지에 따라 역내의 환율 변동을 일정한 좁은 범위 내에서 제한하려는 노력을 경주하였다.

1.1. 발전과정

1) 브레턴우즈 체제 붕괴 이후 스미스소니언 협정에서의 환율 변동폭은 상하 2.25%까지 서로 묵인하는 체제를 유지하였으나 유럽경제공동체(EEC)는 자신들이 추구하는 장기적인 유럽통합 및 경제적인 동질성 증진을 위하여 마침내, 1972년 회원국 간 통화의 변동폭을 상

하 1.125%로 고정하는 데 서로 합의함에 따라 유럽단일통화에 대한 희망의 배를 출범시키기에 이른다.

2) 따라서 회원국들은 스미스소니언 협정에 따라 비회원국의 통화에 대해서는 상하 2.25%의 변동 허용폭을 유지하면서 자신들 회원국들 간의 통화에 대해서는 상하 1.125%의 변동폭을 유지해야 하는 환율의 제한폭을 가지게 되는데 이는 마치 터널 속에 갇혀서 움직이는 뱀의 형상을 연상시켜 '터널 속의 뱀(snake in the tunnel)'이라고 묘사되었다.

3) 1979년에 이르러 유럽경제공동체 회원국들은 다시 기존의 공동변동환율제도(european system of narrower exchange rate margins)를 확대하여 역내 통화가치의 안정을 통한 경제적 협력을 도모하고자 유럽통화제도(EMS: European Monetary System)를 본격적으로 추진하게 된다. EMS의 설립은 유럽통화 단일화를 위한 구체적인 진전이라는 차원에서 매우 커다란 의미를 부여하는데 내용은 유럽통화단위(ECU: European Currency Unit)의 창출, EMS의 통화평가를 유지하기 위한 유럽통화협력기금(EMCF: European Monetary Corporation Fund)의 창설, 그리고 환율메커니즘(ERM: Exchange Rate Mechanism)에 관한 내용과 같은 3가지 주요한 내용을 통하여 후일의 유럽통화 단일화를 위한 기본적인 골격을 완성하였고 이러한 준비과정을 거쳐서 1999년 1월 1일 제시된 단일통화 참가조건을 충족하면서 국민투표로서 확정된 11개국의 단일통화로서 '유로(Euro)'가 출범하게 되는데, '유로'의 출범은 참가국들의 기존 통화 간에는 환율이 완전히 고정되는 고정

환율제도의 성격을 갖는다. 유로는 2002년 1월 1일을 기하여 민간인들의 통용화폐로서 자리를 잡아 실질적으로 통용되고 있으며 2002년 3월 1일을 기하여 그동안 같이 병행되던 기존의 자국통화를 금지시킴으로써 명실상부한 유럽의 통화로 자리매김을 하였다.

유럽통화제도(EMS)에서 제안된 내용 중에서 유럽통화단위(ECU)와 환율메커니즘(ERM) 및 참여국에 대하여 알아보자.

① 유럽통화단위(ECU): 유럽통화단위인 ECU는 출범 당시 EMS 회원국 통화를 구성통화로 하는 바스켓통화로 가치는 구성국들의 통화 가중평균치에 의하여 구성되었다. 그동안 ECU는 유럽 중앙은행들의 공적 거래에만 사용하는 지불수단의 역할만을 수행하여 왔다.

② 환율메커니즘(ERM): 회원국들은 자국통화의 가치 변동범위를 EMS에서 규정한 변동범위 이내로 축소하기 위해서 계속적으로 외환시장에 개입해야 하는 의무를 가지며, 다른 회원국들도 시장환율을 유지하기 위하여 시장에 개입하는 것이 요구되었다. 이러한 시장 개입 의무사항은, 1992년 이를 유지하는 데 어려움에 봉착한 회원국들을 국제투자자금이 공격함으로써 결국 ERM 체제가 잠시 붕괴되었는데, 이때 영국이 ERM 체제에서 이탈하게 되는 동기가 되었다.

2. 유럽통화 단일화의 전개

1) 마스트리히트 조약

유럽통화 단일화를 위해 제시된 구체적인 3단계 방안으로 1989년 EC 회장인 델로스에 의하여 제안되고 1991년 네덜란드 마스트리히트에서 합의하였다.

제1단계: – 1990년 7월~1993년 12월까지
      – 회원국과 비회원국 간의 자본이동의 자유화
      – 모든 회원국 통화가 동일 변동폭으로 ERM에 참여

제2단계: – 1994년 1월~1일부터
      – ECU에서 차지하는 회원국 통화의 가중치 동결, ECU 사용 촉진

제3단계: – 단일통화 도입
      – 기타 사항은 마드리드 정상회담 결정에 따라

세부사항:

① 소비자 물가상승률 규제: 역내에서 가장 낮은 3개국의 평균물가 상승률의 1.5% 이상 초과 금지
② 재정적자 규모 규제: 경상 GDP의 3% 이내
③ 환율 규제: ERM의 환율 변동범위 유지
④ 이자 규제: 소비자 물가상승률이 가장 낮은 3개국의 평균금리를 2% 이상 초과해서는 안 된다.

2) 마드리드 정상회담

1995년 12월 스페인의 수도인 마드리드에서 개최된 EU 정상회담에서는 유럽통화 단일화에 대한 구체적인 조치를 단행하였다. 이러한 배경은 1992년 9월 이후 진행된 유럽외환시장이 국제적인 환투기꾼들의 활발한 참여에 따라 혼란에 빠지면서 영국과 이탈리아가 결국 ERM에서 탈퇴하는 혼돈기를 일신하는 중요한 계기가 된다.

회담의 합의내용은 ① 유로화와 참가국 간의 교환비율을 고정시킨다. ② 유럽중앙은행을 설립한다. 유럽중앙은행은 유럽통화기구의 업무와 각국의 통화주권을 인수하여 단일통화정책의 수립 및 집행을 담당한다. ③ 유로화는 2002년 1월 발행하여 유통시킨다는 시간계획표까지 확정하여 합의하였다.

3) 더블린 정상회담

1996년 아일랜드의 수도 더블린에서 가진 정상회담으로 주요 의제로는 ① 회원국에 대한 경제수렴기준 달성계획을 강화한다. ② 유로화와 단일통화 미참가국의 통화 환율 안정 도모를 위하여 환율 변동폭을 제한하되 유럽중앙은행이 개입할 수 있는 제도를 마련했다. ③ 재정 안정을 위하여 과도한 재정적자 발생 시 벌과금을 부과하는 강력한 합의안을 도출하였다. ④ 1999년 1월부터 통용되는 유로화에 대한 강제적인 통용력을 부여하였다. ⑤ 유로화의 지폐(7종)와 동전(8종)의 종류 및 화폐의 도안을 선정하였다.

3. 유로금융시장거래

통화 단일화는 EU의 15개 국가 중에서 경제수렴조건 미충족 국가인 그리스와 자의적인 이탈 국가인 영국, 스웨덴, 덴마크를 제외한 11개국이 참여하게 되어 유럽단일통화권을 형성하게 된다. 따라서 이런 유로금융시장거래를 경제의 각 주체별로 분담된 각각의 금융거래 방식에 대해 알아본다.

1) 유럽중앙은행

유럽중앙은행(ECB: European Central Bank)은 유로지역에 대한 금융정책을 수립하는 대표기관이다. 주요 수행 업무로는 금융시장 관련 지표, 통화정책 및 외환정책을 수립하고 관련 지표를 유로로 작성하여 공표하는 일을 수행한다.

2) 금융기관

금융기관은 통화전환기간(1999~2001) 동안 고객들에게 유로화와 자국통화 간의 무료 환율 서비스를 제공하고, 통화에 대한 중립을 유지하여 특정통화의 사용을 권고하는 행위 등을 금한다.

1999년부터는 회계와 관련된 장부시스템을 해당국과 유로 2가지

화폐로 표시하여야 하며 주식 관련 유가증권의 가격표시는 유로화로 한정한다. 채권 관련 유가증권의 경우, 2002년 이후부터는 원리금을 유로화로만 지급할 수 있게 한다.

3) 정부

2002년부터 자국통화표시의 채권발행이 금지되며, 1999년 이후 발행되는 국공채는 유로화로만 표시하여 발행한다.

4) 기업

통화전환기간 중 이중가격표시제를 사용하고 1999년 1월부터는 회계와 장부시스템을 유로화 기준으로 전환할 수 있다.

5) 개인

통화전환기간 중 신용카드, 전자화폐 등은 자국통화와 유로 중 어느 것으로도 이용 가능하며, 은행의 보유계정에 대해 표시통화 변경을 요구할 수 있다.

4. 의의 및 대응

유럽통화의 단일화는 단순화 통화의 단일화를 벗어나서 인구 2억 9,000만 명, 전 세계 GDP의 19.4% 및 세계 교역량의 18.6%를 차지하는 미국에 버금가는 거대 시장이 경제적으로 통합함으로써 기대되는 경제적인 효과 및 미국 위주 일변도의 통화정책에서 새로운 방향을 모색해야 하는 등 여러 가지 의미를 주고 있다.

4.1. 경제적인 의의

1) 단일통화에 의해 통합된 거대한 시장의 형성

유럽통화의 단일화에 의한 유로화와의 통용은 유럽이라는 시장을 거대한 단일시장으로 묶는 경제적인 의의를 가진다. 통합으로 인하여 유럽 국가 간의 경쟁력을 강화할 수 있게 되어 결국은 세계적인 경쟁력을 확보할 수 있는 여건을 형성하고, 또한 제조업의 경우는 부품과 부분품시장에서 시너지 효과를 창출할 수 있는 기반을 조성하였다는 의의를 가진다. 특히 회계시스템과 은행거래 등과 같은 경영시스템의 단일화에 따라 유럽은 단일시장으로서의 역할을 가속화할 것이 예상되기 때문에, 세계적인 관점에서는 지구상에서 거의 미국 중심이었던 세계경제 엔진의 중심을 유럽과 또한 새로 부상하는 중국이라는 새로운 세계의 경제엔진이 보강함으로써 세계경제의 활성화에 대한 기대감을 주고 있다.

2) 국제금융의 관점에서 환위험의 감소 효과

유럽통화의 단일화는 그동안 환투기의 대상이 되었던 이들 통화들에 대한 위험을 축소할 수 있다는 의의를 가진다. 또한 위험의 분산차원에서 외환포지션을 미국의 달러에 거의 매달리던 수준에서 유로와 병행함으로써 위험을 분산시키는 효과를 기대할 수 있다. 또한 이에 대한 준비로서 각국은 외환 준비 보유고에 유로화의 포지션을 확보해야 하는 정책적인 변화가 예상된다. 국제금융시장에서 유로화의 안정적인 구도는 결국 국제금융시장의 안정화를 어느 정도 유도할 수 있으리라 기대되며, 투기세력에 대한 의욕을 저하시킬 수 있으리라 전망된다.

4.2. 기업체적인 대응

1) 시스템의 전환

선진기업들의 경우, 유럽통화 단일화에 맞게, 회계시스템과 은행거래 등과 같은 경영시스템의 전환이 단기적으로 요망된다. 즉 경영시스템을 유로베이스로 전환하여 그동안 사용하여 오던, 이중 통화체제를 유로 단일체제로 전환하여야 하며, 유럽의 각 나라별로 복잡하게 접근하던, 은행 간의 거래를 단순화하고, 집중화하는 경향을 나타내고 있다. 실례로 일본의 소니(sony)사 같은 경우는 범유럽 차원의 현금관리를 유로화 시대를 맞이하여 현금관리 통합체제를 구축하고 있다. 이러한 시스템의 통합 외에도, 장기적인 관점에서 단일시장에 대한 적응을 위하여 전략적인 대응이 요망된다.

2) 외환포지션의 변화 및 국제금융

수출입과 관련된 환율 변동에 대한 위험회피의 수단으로 주로 미국 달러에 연동되던 국제수지가 이제는 유럽이라는 단일시장에 대한 비중이 확대됨에 따라 유로화에 대한 외환포지션의 증대가 기대된다. 또한 미 달러 위주에서 벗어나 보다 분산된 통화관리가 가능하기 때문에 기업의 재무관리 담당자들에게 폭넓은 기회를 제공한다고 생각되며, 유럽 국가들의 추가 외환 보유고가 자본시장에 유입될 경우, 유럽채무의 활용이 증가하리라 예상된다.

3) 기업들의 경영전략 변화

우선은 생산거점의 이전이 기대된다. 무역과 관련된 마찰을 회피할 목적으로 또는 생산비용의 절감 차원에서 생산거점의 유럽 이전이 기대되며, 그중에서도 서유럽 중심의 생산거점이 동유럽으로 이전되리라 예상된다. 즉 헝가리와 폴란드와 같은 곳으로 생산시설을 이전함으로써 유럽 전역의 경제 간 격차가 해소될 전망이다. 실례로 자동차 업계의 경우는 프랑스의 르노자동차가 스페인으로, 포드사가 영국에서 스페인으로 이전하였다. 이동전화회사인 노키아는 핀란드에서 헝가리로 이전하여, 유럽으로의 생산거점의 이전, 유럽 내에서는 동유럽 쪽으로 이전의 성향을 보이고 있다.

또한 유럽의 전역을 국가별로 관리하던 체계에서 권역별로 나누어서 조직을 운용하리라 예상되며, 금융, 회계, 물류 등의 기능은 통합하여 공동지원센터와 같은 통합된 기능을 운영하여 효율적인 관리를 할 수 있으리라 기대된다. 유럽에 대한 권역별 구분은 공통된 특징에 따라 구분하여 소비자들의 특성에 맞는 마케팅적인 접근이 요망된다고 하겠다.

재무적인 측면에서는 기업 차원의 재무관리에서 추구하는 효율적인 자금관리를 위하여 미 달러화와 함께 유로화를 포함하는 균형적인 통화포지션을 유지하고, 환위험 회피수단으로 유로화의 적극적인 활용이 요망된다고 하겠다.

마케팅적인 측면에서는 여태껏 유지하던 국가별 가격정책에서 벗어나서, 새로운 가격정책을 수립할 필요성이 있다. 즉 가격에 민감한 품목은 그 기능을 대폭 단순화하여 유럽시장에서 경쟁력 있는 단일화한 가격을 제시하는 전략이 필요하다고 생각되며, 제품의 고급화와 차별화를 통한 가격인하 정책에서 벗어나서 단일화, 고급화된 가격경쟁력 유지가 요망된다.

결론적으로 유로화의 확대에 따라 기업체들의 경우에는 금융과 외환관리 차원에서 긍정적인 영향이 기대되며 또한 세계경제의 관점에서도 유럽통합의 단일화는 유럽단일시장을 가속화하기 때문에 세계경제에 새로운 엔진을 하나 더 준비한 것과 같은 효과를 기대할 수 있으리라 생각된다.

소로스, 이번엔 유로화 공격……
92년 파운드 공략 때와 같은 전략4)

파운드화 대거 팔아 EMS 붕괴시켰듯……
美 헤지펀드들 유로화 매도 공모 의혹

◆ 유로화 하락 통화전쟁 조짐 ◆

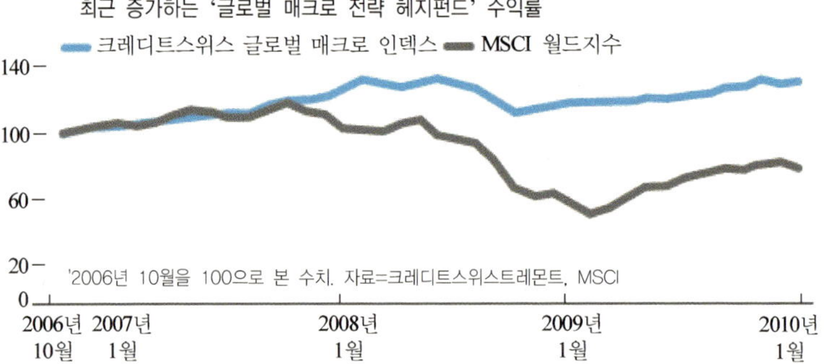

1992년 9월, 이탈리아 일간지 『라 레푸블리카』는 '유럽이 산산조각
났다'는 제목의 기사를 내보냈다. 독일, 프랑스, 영국 등 유럽 국가의
화폐가치를 하나로 묶은 통화제도(EMS)가 영국과 이탈리아의 탈퇴
로 사실상 붕괴됐음을 뜻하는 기사였다.

---

4) 매일경제신문, 2010년 3월 4일자 기사내용.

그리고 이 붕괴를 조장한 주범으로 지목됐던 조지 소로스는 유유히 1993년 8월 '뉴스위크'에 이런 기고문을 싣는다.

"내가 남들보다 나은 이유는 나의 실수를 인정하기 때문이다. 사람들은 흐름을 읽고 비판적으로 생각한다는 것이 얼마나 중요한 일인지 모르는 것 같다. 유럽 정부들은 자신들이 범한 잘못을 인정하려고 하지 않는다. 얼마나 놀라운 일인가."

이처럼 유럽 공동 통화시스템을 붕괴시킨 뒤 유럽 각국 정부의 비합리적 선택에 대해 통렬한 비판을 날렸던 소로스가 이번엔 유로화 붕괴에 투자하고 있다. 그것도 1992년 당시 영국 파운드화와 이탈리아 리라화를 공격했던 것과 매우 흡사한 논리로 유로화 하락에 베팅 중이다.

월스트리트저널(WSJ)은 미국 법무부가 소로스펀드매니지먼트와 SAC캐피털어드바이저스, 그린라이트캐피털, 폴슨&Co 등에 대해 서한을 보내 유로화와 관련된 매매 기록과 이메일 등을 유지할 것을 요청했다고 보도했다.

이들 헤지펀드 매니저들이 함께 모인 자리에서 유로화 가치가 달러화 가치와 동등해질 때까지 떨어질 것이란 얘기를 나눴으며, 다른 트레이더들에게 유로화 가치 하락에 투자하라고 부추긴 것으로 알려졌다.

법무부는 이런 모임이 일종의 공모로 여겨질 수 있다고 보고 있다.

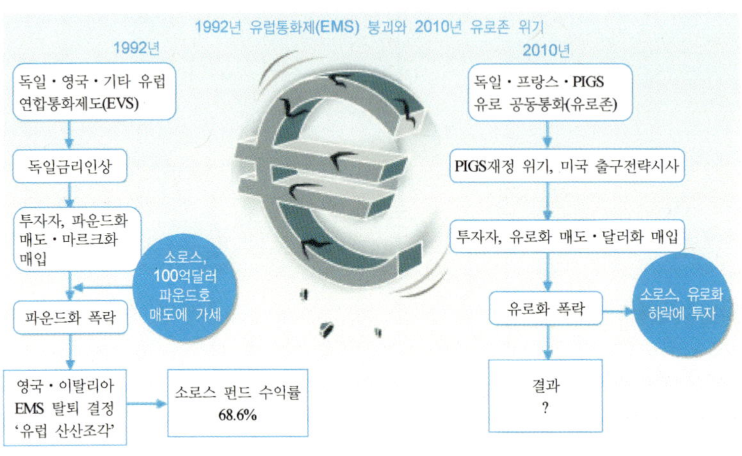

전문가들은 소로스가 1992년 파운드화와 리라화를 공격할 때와 지금 상황이 유사하다고 보고 있다.

당시 독일은 동독 투자 때문에 발생한 인플레이션을 막기 위해 금리를 2년간 10차례나 올렸고, 이 때문에 투자자들은 독일 채권(분트·Bundt)에 매력을 느끼고 있었다. 이 때문에 유럽 다른 통화들을 매도하고 독일 마르크화를 사겠다는 투자자 수요가 급등했다. 자연스럽게 파운드화나 리라화 가치는 떨어지고 마르크화 가치는 올라가야 당연했다. 그러나 파운드화 가치는 충분히 떨어지지 못했다.

EMS가 독일, 프랑스, 영국 등 유럽 주요 국가들의 환율을 고정시키는 제도였기 때문이다.

파운드화가 급락했지만 EMS를 유지해야 하는 의무가 있었던 영국은 '파운드화 가치 하락은 영국에 대한 배신'이라며 소로스를 비난하기 시작했다. 그러나 소로스를 비롯한 금융시장 투자자들은 파운드화 가치 하락에 더 무게를 뒀다. 1992년 9월 급기야 영국은 EMS를 포기

하겠다고 선언했다.

지금도 당시와 상황이 비슷하다. 그리스를 비롯한 PIIGS(포르투갈, 아일랜드, 이탈리아, 그리스, 스페인)의 재정위기 때문에 이들 국가의 통화가치는 지금보다 더 떨어져야 정상이다. 여기에 미국이 출구전략을 시사하면서 채권금리가 올라가고 있어 유로화를 팔고 달러화를 사려는 투자자 수요가 늘고 있다. 그럼에도 불구하고 독일 등 국가들이 건재하기 때문에 유로화 가치는 충분히 하락하지 않고 있다.

유로화는 연초 이후 6% 떨어지는 데 그쳤다. 이 때문에 소로스 같은 글로벌 매크로 전략을 사용하는 헤지펀드들이 투자하기 알맞은 환경이 조성된 것이다.

파이낸셜타임스에 따르면 지난 2월 초 70억 달러 수준에 불과했던 유로화 공매도 포지션은 3월 현재 121억 달러에 달하는 것으로 추정됐다. 소로스는 지난달 28일 CNN과 대담에서 "유로존 중 한 나라가 위기에 처하면 통화가치를 절하해야 하는 것이 정상이지만 유로화는 고정돼 있다"고 말했다.

소로스가 투자하는 방식인 글로벌 매크로 헤지펀드 전략은 1994년 소로스가 일본 중앙은행을 공격했다가 실패한 이후 시장에서 변변한 활동을 하지 못했지만 최근 각국 재정위기가 가중되면서 수익률이 다시 상승하고 있다.

[요점정리]

1. 유럽의 통화제도는 브레턴우즈 체제의 붕괴 이후 변화와 발전을 거듭하여 2002년에는 유로화의 지폐 및 동전이 통용되고 있다.

2. 유럽통화 단일화 작업은 마스트리히트 조약의 결과에 따라 기본적인 초석을 제공하였고 이후, 스페인의 마드리드 조약을 거쳐, 더블린 정상회담을 끝으로 구체화되어 마침내 2002년 1월을 기해 유로(Euro)통화의 본격적인 통용시대를 맞게 됨으로써 단일화 작업의 결실을 보게 되었다.

3. 유럽통화 단일화는 세계경제의 활력소 역할, 단일 통화에 대한 의존성으로부터 회피, 유로통화에 외환포지션 확대 등 의미를 가지고 있다.

[참고문헌]

강호상, 『글로벌 금융시장』, 법문사, 2009.
이종철, 『글로벌 금융론』, 박영사, 2011.
임태순, 『경영학의 이해』, 한국학술정보(주), 2012.
______, 『재무관리의 이해(공저)』, 법문사, 2012.
______, 『재무관리』, 한국학술정보(주), 2011.
______, 『글로벌경영』, 한국학술정보(주), 2011.
______, 『주식시장과 투자』, 한국학술정보(주), 2011.
______, 『금융시장』, 한국학술정보(주), 2010.
______, 『현대경영학의 개관(공저)』, 법문사, 2006.
조갑제, 『국제금융』, 두남, 2009.
최낙복, 『국제금융』, 두남, 2011.
매일경제신문, 2010년 3월 4일자 기사내용.

외환시장

학습목표

1. 외환시장의 참여자들은 어떻게 구분되며 외환시장의 의의는 무엇인지 알아본다.
2. 환율의 의의와 표시방법에 관한 이해를 도모하는 데 학습목표를 둔다.
3. 선도환거래에 대해서 알아보고 현물환과의 차이점을 이해하는 데 주안점을 둔다.

제4장 외환시장의 구조 및 환율

1. 외환시장의 개념

가치의 교환이 이루어지는 것을 우리는 시장(market)이라고 한다. 같은 맥락에서 외환시장이란 서로 다른 둘 또는 여러 종류 통화 간의 교환이 이루어지는 것을 말한다. 외환시장의 거래가 이루어지는 주요한 시장으로

〈그림 4-1〉 외환시장 모습[5]

는 런던, 뉴욕 그리고 동경 등을 들 수 있다. 이들 시장의 특징은 24시간 거래(24 hour transaction system)가 진행되는 열려 있는 시장이다. 즉 날짜 변경선을 중심으로 호주의 시드니 시장에서 시작하여, 동경 시장, 홍콩 시장, 싱가포르 시장, 런던 시장, 뉴욕 시장 순서로 시장이 열리고 닫히는 과정을 반복하는 24시간 열려 있는 시장이다. 외환시

---

5) 사진 출처:
   http://news.naver.com/main/read.nhn?mode=LSD&mid=sec&sid1=101&oid=014&aid=0000219814

장의 규모는 국가 간의 무역거래나 금융거래의 증가와 비례하여 증가하여 왔는데 '80년대 하루 거래량이 3,000억 달러 수준에서 '90년대에는 1조 달러대로 급성장한 추세를 감안해 볼 때 앞으로 시장규모의 확대를 가늠해 볼 수 있다.

1) 의의

외환시장(foreign exchange market 혹은 Fx market)이란 어휘 그대로 서로 다른 통화가 교환되는 시장을 의미한다. 즉 어떠한 필요성에 의하여 한 나라의 통화와 다른 나라의 통화가 일정한 교환비율에 맞추어 서로 교환되는 시장을 말한다. 이와 같이 서로 다른 통화의 교환이 이루어지는 외환시장에서는 마치 일반적인 시장과 마찬가지로 외환시장에서의 상품은 각국의 통화가 되며, 상품의 가격은 이에 대응하여 교환되는 타국의 통화로 표시된다.

2) 거래

외환시장의 거래는 주로 은행과 은행 간의 거래로 이루어진다. 단지 외환선물의 경우는 선물거래소를 통하여 거래가 진행되며, 거래가 이루어지는 주요 도시로는 영국의 런던, 미국의 뉴욕 그리고 일본의 동경 시장과 같은 세 개 중심축을 중심으로 하여 거래가 진행되고 있다. 런던이 외환시장의 중심이 되는 이유는 런던이 국제금융시장의 센터 역할을 수행하기 때문이다. 이와 같이 영국이 국제금융의 중심지로서 자신의 입지를 확고하게 할 수 있었던 것은 금융규제의 완화(deregulation)를 미국과 일본에 비해 먼저 실행한 사실과 무관치 않다.

거의 모든 외환거래는 은행을 중심으로 이루어지기 때문에 은행의 딜링룸(dealing room)이 외환거래가 이루어지는 장소이다. 이와 같이 은행 간 거래의 집합을 **은행 간 시장(interbank market)**이라고 하는데, 은행 간 시장의 거래단위가 최소한 미화 100만 달러 이상이 되는 도매시장이다. 현재 외환시장에 참여하고 있는 은행들은 전 세계적으로 200여 개 정도이며 이와 같이 외환거래에 참여하는 은행들의 거래가 전 세계 시장에서 거래되는 거래량의 90% 이상을 포함한다.

3) 거래단위

보통 외환시장에서의 거래단위는 주로 백만 달러 단위 이상으로 하고, 만약 백만 달러 단위 정도의 규모로 거래할 수 없는 은행들은 외환 딜링룸을 따로 소유하지 않고 주로 지역 내의 대형은행을 통하여 자신들이 필요로 하는 외환거래를 취하게 된다.

4) 중요성

국제거래에서의 상행위는 반드시 국제지불이 수반된다. 즉 국제무역이나 국제금융이 발생하는 경우, 자국의 화폐와 거래에 사용되는 화폐가 상이할 때는 반드시 외환시장에 개입하여 자국의 화폐와 자신이 필요로 하는 화폐와의 교환을 통하여 무역거래나 금융거래의 대금을 지불할 수 있다.

이미 언급한 바와 같이 국제무역이나 국제금융과 관계한 거래의 대금이 거대할 뿐만 아니라 실제로 외환시장에서 거래되는 최소한의 거래대금이 매우 크기 때문에 외환시장과 관련된 거래에서는 가격

변동에 따라 거래로 인한 손익이 크게 차이가 나게 되어 있다. 따라서 외환거래자들은 환율과 관계된 변동성을 잘 예측하여 효율성 있는 거래를 수행해야 하는 중요한 임무를 가지게 된다.

☞ 사례연구

① 조지 소로스의 경우
② 한 외환딜러의 실수가 영국은행에 치명적인 결과 초래
③ 우리나라의 지방은행에서 한 외환딜러의 실수로 엄청난 손실 초래: 물리적인 제약(거래단위 축소) 신설

5) 외환시장의 참여자

외환시장 참여자들은 주로 무역, 금융과 같은 본원적인 거래와 수반하여 시장에 나타난다. 이와 같이 시장에 참여하는 동기에 따라 참여자들을 분류하여 보면 3가지로 구분할 수 있다.

① 투자자(investor)
② 재정거래자(혹은 매매차익거래자)(arbitrager)
③ 투기꾼(speculator)

6) 거래구조

이미 정리한 바와 같이 외환시장은 외환시장에 참여한 참여자들에 의해 거래가 발생하는 형태인 장외거래(OTC tranction: Over the Counter Tranction)가 주인 시장이다. 따라서 은행들이 시장조성자(market maker)의 역할을 수행한다.

시장조성자의 개념은 우리가 흔히 얘기하는 브로커의 개념과는 다른 개념이다.

새로운 용어의 개념을 정리해 보자.

① 롱포지션(long position): 매입포지션을 증가시키는 행위, 즉 외환 딜러가 미국 달러화의 가치가 한국의 원화보다 더 오를 것이라고 전망될 때, 미국의 달러화에 대해 매입포지션을 하는 것을 의미한다. 즉 이 외환딜러는 <u>미국의 달러화에 대한 롱포지션</u>을 견지하고 있는데, 이는 결국 미국 달러화에 대한 노출의 증가를 의미한다.

② 쇼트포지션(short position): 쇼트포지션이란 매도포지션을 말한다. 즉 앞으로 원화가치 대비 미국 달러화 가치가 하락할 것이라고 예측될 때, 외환딜러는 <u>미국의 달러화에 대해 쇼트포지션</u>을 가지게 되는데 이는 미국의 달러화를 매각하고 한국의 원화를 매입하는 행위를 의미한다. 즉 미국의 달러화에 대한 노출을 감소시키는 행위이다.

③ 브로커(broker): 자기 포지션을 가지지 않음.
   이들의 수익은 커미션(commission)
   예) 증권 브로커, 부동산 브로커(중계인)

④ 딜러(dealer) 기포지션을 가짐.
   이들의 수익은 스프레드(spread)
   즉, 매도가격(offer, ask, selling price)과 매입가격(bid, buying price)

⑤ 매도가격(offer, ask price): 팔려는 가격

⑥ 매입가격(bid, buying price): 구입하려는 가격

2. 환율의 의의 및 표시방법

1) 개념

환율(foreign exchange rate 또는 Fx rate)이란 상대가 되는 국가에서 사용하는 화폐와의 교환비율을 의미한다(exchange rate between two currency).

즉, 한 나라 통화 1단위에 대한 다른 나라 통화의 교환비율이다.

2) 표시법

환율을 표시하는 방법에는 직접법(direct quotation)과 간접법(indirect quotation) 두 가지 방식이 있다. 이들 방식은 두 통화 가운데 어느 통화를 기준으로 보느냐에 따른 구분방식이다.

① 직접법: 외국통화 한 단위의 가치를 자국통화로 표시하는 방식
한화 1,300원/미화 1달러
② 간접법: 직접법의 역수로서 자국통화 한 단위에 대한 외국통화
   의 가치를 표시하는 형식
한화 1원＝미화 1/1,300달러

3) 환율의 고시

(quotation) on the phone－전화통화에서

만약 현재 거래가격이, 한화 원/미화 달러＝1,280－1,290원이면

읽는 법: ① 1,280 (pause) 90

② 1,280 to 90

③ 80 to 90

(질의) 위의 거래에서 selling price, buying price, 스프레드는 얼마인가?

4) 교차환율(cross rate)

달러화가 아닌 제3 통화 간의 환율을 달러화를 거쳐서 교환비율을
계산하는 방식으로 차익거래의 수단으로 이용된다. 특히 프로그램 트
레이딩화해서 차익거래를 추구함으로써 시장의 효율성을 증대시킬
수 있다고 할 수 있다.

(질의) 엔화(Japanese yen) 122엔＝미화 1달러

원화 1,250원＝미화 1달러

그러나 시장에서 엔화 1엔＝10원으로 형성되어 있다면 어떤 거래가 발생하게 될까?

3. 선도환

현물환(spot exchange rate): 계약과 동시에 교환이 일어나는 외환거래

당일물(value today)－만기일이 결제일

익일물(value tomorrow)－만기일 다음 영업일이 결제일

스팟물(value spot)－만기일 이후 2번째 영업일이 결제일

선도환(forward exchange rate)：계약일과 결재일(delivery day)이 다른 경우

예) '밭떼기' 연상

1) 정형화(organized)되어 있지 않다.

2) 결재일이 자유롭다(1개월, 2개월, 3개월).

3) 거래의 90%가 실제 교환이 일어난다.

4) 수수료는 스프레드

5) 주로 미국 달러 1달러에 대한 유럽통화로 표시

(주의) 선물환(future exchange rate)

1) 정형화된 시장이다(well organized market).

- 지정된 장소, 표준화된 거래단위, 결제일의 표준화

예) 시카고 선물시장(CME)

2) delivery 일자가 3, 6, 9, 12월 3번째 수요일

(비교) 한국의 주가선물: 2번째 목요일

3) 주요 통화: 미국 달러, 캐나다 달러, 영국의 파운드화 등

4) 표시는 각국 통화 1단위에 대한 미국 달러의 가치

5) broker fee(commission)

선도환 할증(forward premium): 미래의 가치가 상승하리라고 예상되는 강세통화(strong currency)는 약세통화에 대해 선도환 할증 상태에 놓이게 된다.

선도환 할인(forward discount): 선도환 할증과 반대로, 가까운 장래에 통화가치의 하락이 예상되는 약세통화(weak currency)는 강세통화에 대해 선도환 할인의 상태에 놓이게 된다.

평가절상(appreciation): 외환시장에서 가치가 다른 통화에 비해 상대적으로 커지는 경우

평가절하(depreciation): 평가절상과는 반대로 다른 통화의 가치에 비하여 상대적 가치가 하락하는 경우

환율전쟁

방아쇠 당긴 일본 '슈퍼 엔고 못 참아' 달러당 82엔까지…… 하루에 2조 엔 풀어

다그치는 美·유럽 '국제공제 왜 깨나' 더딘 경기 회복에 무역적자까지…… 절상압력 일본 편드는 중국 '통화정책 간섭 마' 가뜩이나 절상·압력에 시달리던 차에 '동병상련'[6]

슈퍼 엔고로 고민하던 일본 정부가 최근 외환시장에 적극 개입하면서 국제통화 전쟁으로 비화할 조짐을 보이고 있다.

글로벌 금융위기 이후 주요 선진국들은 자국 수출 증대를 위한 인위적인 통화 평가절하는 자제한다는 데 암묵적인 동의를 해 왔다. 하지만 지난 15일 달러당 환율이 82엔까지 추락하자 더 이상 엔고 현상을 견디지 못한 일본 정부가 하루에만 2조 엔을 시장에 푸는 시장 개입을 단행했다.

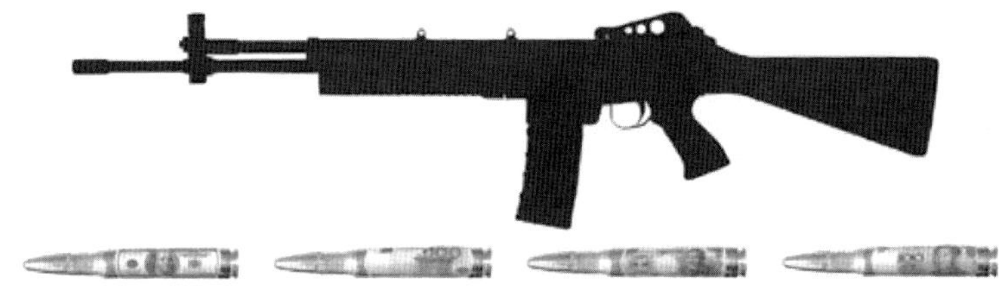

---

6) 출처: 매일경제, 2010년 9월 24일자 기사내용 발췌.

주요국들은 즉각 반발했다. 유로 재무장관회의 의장은 일본이 시장에 개입한 것은 적절하지 않다고 경고했고 샌더 레빈 미국 하원 세입세출위 위원장은 중국과 더불어 일본도 환율 조작국 리스트에 포함시키고 있다.

반면 중국은 국영방송을 통해 간접적으로 일본을 지지했다. 이에 미국 재무장관은 11월 초 서울 G20 정상회의에서 위안화 환율 절상을 위한 국제적 지지를 도출하겠다고 맞서면서 소위 총성 없는 전쟁이라는 환율전쟁이 본격화되고 있다.

환율전쟁이란 교역상대국과 통화가치 산정 시 유리한 환율(교환비율) 설정을 위해 외교·정치적 압력을 넣으면서 국가 간에 발생하는 개입이나 다툼을 의미한다. 기준통화 설정, 통화의 사용권 및 기준통화에 대한 환율 설정, 통화정책 등을 둘러싼 국가 간 개입이나 다툼을 말하는 통화전쟁 중 하나로 볼 수 있다.

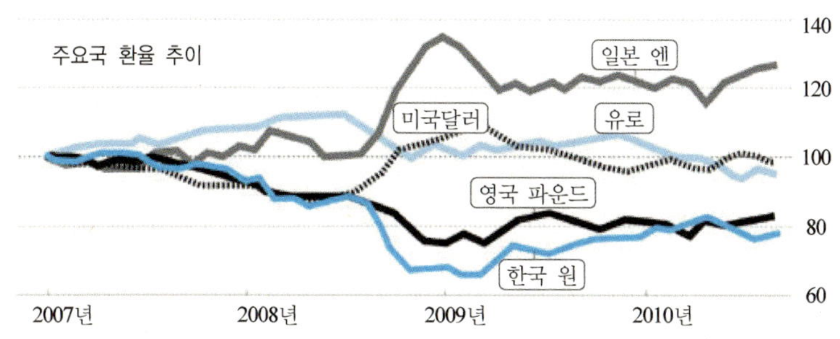

자료: 파이낸셜타임스.

2007년 초 환율을 100으로 봤을 때의 움직임

◆ 환율전쟁이 불거진 배경

환율 변동이 국가경제에 미치는 영향은 동전의 양면과 같다. 환율 하락(통화가치 상승)은 자국 수입물가 하락이라는 장점 이면에 수출업체 경쟁력 저하를, 환율 상승은 수입물가 상승에 따른 인플레이션 염려 이면에 수출기업 경쟁력 제고를 가져온다. 이를 무역적자로 골머리를 앓는 미국에 적용한다면 달러 가치가 떨어져야 할 것이다.

그런데 달러화는 만성적인 미국 무역적자에도 불구하고 국제금융시장이 불안정해지면 그 하락세가 더뎌지거나 오히려 상승하기도 한다. 이는 1944년 브레턴우즈 체제 이후 달러화가 세계시장에서 거래의 중심, 기축통화로 공인된 특수성에 기인한다. 미국 이외 국가들은 달러화를 안전자산으로 비축하였다가 환율이 요동칠 때 변동성을 완화시키는 데 사용하려 들기 때문이다.

실제 환율 안정은 수출입업체 거래 활성화에 필수불가결한 조건이다. 미국 역시 기축통화국으로서 세뇨리지(seigniorage), 주조차익(鑄造差益)을 향유하기 위해서는 강한 달러화가 필요하다.

1999년 유럽 국가들이 모여 참가국 간 거래 시 기준화폐로 유로화를 채택함에 따라 기준통화를 둘러싼 경쟁도 가속되고 있기 때문이다. 결국 미국 경제 성장을 위한 달러화 약세냐, 아니면 기축통화국 지위 공고화를 위한 강세냐의 간극 조절에 따라 달러화 환율은 변동해 왔다.

최근 미국 달러화 약세를 주장하는 배경에는 무역적자 해소와 경기회복을 위해 미국기업 수출을 진작시킬 필요가 있다는 인식이 자리 잡고 있다. 나아가 유럽 국가들도 경기 회복세가 더딤에 따라 공통 교역상대국인 일본과 중국 통화에 대한 절상 압력을 높이는 것이다.

◆ 환율전쟁 역사

1944년 세계 각국은 달러화를 세계 중심통화로 인정하는 대신 달러화에 대해서는 금으로 일정 비율을 교환해 줄 의무, 소위 금태환 의무를 부여하는 데 합의했다. 그리고 달러 이외 화폐의 가치는 달러를 기준으로 산정하게끔 했는데 이것을 브레턴우즈 체제라고 한다. 그러나 1960년대 후반 들어 베트남 전쟁과 경상수지 적자 보전을 위해 달러화 발행이 늘어나게 된다. 이에 금태환 의무 준수가 어려워지자 미국은 1971년 금태환 중지 선언과 함께 변동환율제로 이행하면서 당시 엔화 환율을 달러당 360엔에서 250엔으로 절하시킨다.

1980년대에는 미국 재정수지와 경상수지 적자 문제 해소를 위해 1985년 플라자 합의가 도출되어 엔화 환율은 120엔으로 다시금 하락한다. 이로 인해 미국 수출경쟁력은 회복되었으나 화폐가 절상된 일본은 급작스러운 수출 둔화와 경기 하강을 경험하게 된다. 이를 극복하고자 당시 일본 정부는 수출기업 생산거점을 외국으로 이동시키고 내수 진작을 위해 국채 발행을 통한 공공투자를 확대한다.

그러나 1990년대 들어 이런 내수 부양책이 부메랑으로 돌아와 자산버블 붕괴로 표현되는 '잃어버린 10년'과 만성적인 재정적자라는 부작용이 초래된다.

1990년대 중반에는 멕시코 등 중남미 국가에서 통화위기가 발생했는데 이들 국가에 대한 미국의 대출채권 회수 가능성에 대한 염려가 불거지면서 엔화 환율은 80엔까지 하락한다.

이로 인한 일본 경기침체를 해결해야 할 필요성이 제기되면서 1995년 G7 국가 간에 역플라자 합의가 도출되어 엔화 환율은 100엔으로 상승하기도 하였다. 당시에는 미국과 유럽 국가 경기가 호조였던 덕분에 엔화 약세 합의를 도출하기가 수월했다. 2003년 들어서는 이라크전쟁 등 국제정세 불안으로 달러화가 다시금 약세로 전환되자 일본 정부가 엔화 약세 반전을 위해 개입했지만 국제공조가 이루어지지 않아 그 효과는 미미했다. 따라서 최근 일본 정부가 외환시장에 개입한 데 대한 국제사회 여론이 부정적인 것에 비춰 볼 때 향후 엔화가 약세를 지속하긴 어려울 것이다.

◆ 우리나라는 어떻게 대응해야 하나

한국은 1997년과 2007년 말 두 차례 금융위기를 경험했다. 이때 얻은 교훈 중 한 가지는 금융위기 시에는 펀더멘털보다는 금융회사 대외지급 능력, 정부의 환율 방어능력에 대한 시장의 기대심리가 환율 향방과 변동폭을 결정짓는다는 것이다. 주식·외환시장이 개방된 상황에서 IT, 통신, 네트워크 그리고 파생상품 발달로 투자자

심리가 한 방향으로 쏠리는 현상이 증폭될 수 있는 여건이 조성되었기 때문이다.

2007년 위기에서 알 수 있듯이 투자자 심리가 악화되면 국제공조가 동반되지 않은 정부 단독의 환율 개입은 그 효과가 제한적이다.

따라서 외환당국은 평상시에는 국제공조 기반 구축과 함께 자본유출입에 대한 모니터링과 미세조정정책을 면밀히 수행할 필요가 있다. 그리고 금융위기 시 안전판이 될 외환보유액은 이제는 경상거래뿐만 아니라 주식·채권에 대한 외국인 투자금도 고려해 규모를 책정하고 운용상에선 달러표시 이외 자산으로 투자를 다변화할 필요가 있다.

[요점정리]

1. 외환시장과 관계된 주요한 개념에 대해서 공부하고 그 의의를 살펴보았다.

2. 환율의 표시방법에 관하여 공부하였다.

3. 선도환의 개념을 정리하고 선물환과의 차이점을 비교하여 보았다.

[참고문헌]

강호상,『글로벌 금융시장』, 법문사, 2009.
이종철,『글로벌 금융론』, 박영사, 2011.
임태순,『경영학의 이해』, 한국학술정보(주), 2012.
______,『재무관리의 이해(공저)』, 법문사, 2012.
______,『재무관리』, 한국학술정보(주), 2011.
______,『글로벌경영』, 한국학술정보(주), 2011.
______,『주식시장과 투자』, 한국학술정보(주), 2011.
______,『금융시장』, 한국학술정보(주), 2010.
______,『현대경영학의 개관(공저)』, 법문사, 2006.
조갑제,『국제금융』, 두남, 2009.
최낙복,『국제금융』, 두남, 2011.
매일경제, 2010년 9월 24일자 기사내용.

1. 환율의 계산법에 대하여 알아보고, 선도환과 현물을 이용하여 premium, discount, 평가절상, 평가절하 등을 실제로 계산하는 방법을 알아본다.
2. 환율을 결정하는 결정이론에 대하여 이론적인 배경을 알아본다(1부).
3. 환율을 결정하는 결정이론에 대하여 이론적인 배경을 알아본다(2부).

제5장 환율의 결정

1. 환율계산법

1) 환율교환

① W/$=1,300일 때

문) $/W는 얼마인가?

답) 1/1,300

2) 환율평가절상

② 첫째 날: W/$=1,300

둘째 날: W/$=1,400

문) 달러가 몇 % 평가절상되었는가?

답) 1,400/1,300=1.076

달러는 원화에 대하여 7.6% 평가절상되었다.

③ 첫째 날: W/$=1,300

문) 달러가 둘째 날 3% 평가절상 상태에 있다.

　　새로운 환율은 얼마인가?

답) 1,300×1.03＝1,339원

3) 환율평가절하

④ 첫째 날: €/$＝2.0

　　둘째 날: €/$＝2.5

문) 유럽의 유로화는 몇 % 평가절하되었는가?

답) 1/2＝0.5$/€　1/2.5＝0.4$/€

　　0.4/0.5＝0.8

유럽의 유로화는 달러에 대하여 20% 평가절하되었다.

⑤ 첫째 날: €/$＝2.5

문) €이 둘째 날 5% 평가절하 상태에 있다.

　　새로운 환율은 얼마인가?

답) 0.4×0.95＝0.38　　　　1/0.38＝2.6316

새로운 환율은 2.6316€/$

⑥ €/$＝2.5

문) 달러가 5% 평가절하되었다.

　　새로운 환율은 얼마인가?

답) 2.5×0.95＝2.3750

2.3750€/$

4) 교차비율(cross rate)

⑦ €/$＝2.5　　　　　　　　Sw.f/$＝2.00

문) Sw.f/€는 얼마인가?

답) 2.00/2.5＝0.8

<u>0.8Sw.f＝€</u>

⑧ €/$＝2.5　　　　　　　　$/Sw.f＝0.5

문) €/Sw.f의 환율은?

답) 2.5/(1/0.5)＝2.5/2＝1.25

<u>1.25€/Sw.f</u>

5) 선도환 프리미엄(premium) 혹은 할인(discount)

⑨ €/$(현물)＝2.5　　　　€/$(6개월 선도환)＝2.6

문) 선도환 €의 가격은 달러에 대해서 연개념(yearly basis)으로
　　몇 % 할증 혹은 할인 상태에 있는가?

공식) (연개념으로 계산 시)

$$\frac{(\text{선도환가격} - \text{현물가격})}{\text{현물가격}} \times \frac{12}{\text{개월 수}} \times 100$$

답) 1/2.5＝0.4$/€　　　　1/2.6＝0.3846$/€

공식에 적용하면

$(0.3846 - 0.4)/0.4 \times (12/6) \times 100 = -7.7\%$

약 7.7% 할인(discount) 상태에 있다.

6) 각국의 통화[7]

<표 5-1> 각국의 통화

country	currency	symbol
Argentina	Peso	$a
Australia	Dollar	$A
Belgium	Franc	BF
Brazil	Cruzeiro	Cr$
Canada	Dollar	Can$
Denmark	Krone	Dkr
France	Franc	FF
Germany	Deutschemark	DM
India	Rupee	Rs
Japan	Yen	¥
Mexico	Peso	Ps
Norway	Krone	NKr
Spain	Peseta	Pts
UK	Pound	£

2. 환율의 결정이론

1) 개념도

'Multinational Business Finance' by Eiteman and Stonehill 개념도 이용

---

7) 아래의 표에 제시된 화폐단위 중에서 오스트리아, 벨기에, 프랑스, 독일, 노르웨이, 스페인의 화폐는 유로(€)로 통일됨.

2) 구매력 평가설

a. 개념

구매력 평가설(PPP: Purchasing Power Parity)은 일물일가의 법칙(law of one price)을 말한다. 즉 동일한 상품은 어떤 시장에서든지 그 가격이 같아야 한다는 주장이다.

구매력 평가설은 제1차 세계대전 후에 경제학자인 Gustav Cassel에 의해서 제창되었으며 인플레이션이 심한 나라는 무역상대국에 비해서 수출품의 가격경쟁력은 떨어지고 수입품은 국내의 높은 가격보다 경쟁력이 높아진다고 보았다.

즉, $P = S \cdot P^*$

P: 물가(특정상품의 국내가격)

S: 현재 환율(직접법)

P*: 특정상품의 외국에서의 외국통화 표시가격

균형가격에 도달하기까지 상품의 거래는 매매차익거래 때문에 계속 진행된다.

단, 이러한 조건을 유지하기 위해서는 거래세, 거래비용, 무역장벽 및 제품의 질이 일치할 경우에만 가능하다.

b. 절대적 구매력 평가설(absolute version)

일물일가의 법칙을 상품가격뿐만 아니라 전체적인 물가수준에 적용한 것을 말한다.

즉, $P = S \cdot P^*$

P: 국내물가수준

S: 현재 환율(직접법)

P*: 해외물가수준

c. 상대적 구매력 평가설

환율의 상대적 변화율은 국내와 해외의 물가상승률의 차와 같다는 설

즉, $\dfrac{S^*}{S} = \dfrac{Ph^*}{Ph} = \dfrac{Pf^*}{Pf}$

S: 현재 환율

Ph: 국내물가수준

Pf: 해외물가수준

*: 기준시점과 비교시점 간의 변화율

결론적으로,

환율의 상대적 변화율＝국내 물가상승률－해외 물가상승률

질의) 1년 후 우리나라 물가상승률이 10%, 미국은 5%가 되리라 예
상된다. 현재의 환율이 1달러＝1,300원일 때 1년 후 예상되
는 환율수준은?

답) 예상환율은 $1,300 \times (1 + 0.05) = \underline{1,365원/달러}$

3) 피셔효과(the Fisher effect)

피셔효과는 예상인플레이션의 차이가 결국은 명목이자율의 차이

와 같다는 주장이다. 이에 대한 이론적인 근거의 과정은 명목이자율이 실질이자율과 예상물가상승률의 합과 같다는 논리에서 출발한다.

즉,

$i = r + \pi$

i: 명목이자율

r: 실질이자율

π : 예상물가상승률

<이론적 완성>

$i = r + \pi$ (식 1)

$i^* = r^* + \pi^*$ (식 2)

(식 1) - (식 2)

$(i-i^*) = (r-r^*) + (\pi-\pi^*)$에서 장기적으로 국내와 해외의 실질이자율은 같은 경향이 있으므로, $(r-r^*) = 0$

결국, $(i-i^*) = (\pi-\pi^*)$가 성립한다.

4) 국제피셔효과

국제피셔효과(the international Fisher effect)는 환율 변화율에 대한 예상은 서로 다른 통화 간에 존재하는 이자율의 차이와 밀접한 관계가 있다는 주장이다. 예를 들어, 투자자들이 자국통화의 가치가 연간

5% 하락할 것이라고 예상하는 경우에 국내 명목이자율은 해외명목 이자율보다 연간 5%가 더 높아야 한다는 것이다.

문제) 1년 만기 정부채권이 한국은 12%, 미국은 5%라고 가정하고, 환율의 현물가가 현재 1,300원/1달러일 때 1년 후 예상되는 환율은?

답) 0.12−0.05=0.07

1,300×1.07=<u>1,391원/1달러 예상</u>

5) 이자율평가설(interest rate parity theorem)

연율(yearly basis)로 표시하는 선도환율은 그것이 두 나라 사이에 존재하는 이자율의 차이와 같다는 주장을 말한다. 예를 들어 영국의 파운드화가 달러에 대하여 선도환시장에서 11.67%만큼 프리미엄이면 파운드화의 이자율이 달러의 이자율보다 11.67달러 낮아야 한다는 것이다.

문제) 현물가가 1,300원이고 6개월 선도환율이 1,500원이라는 달러는 프리미엄인가?

디스카운트인가? 몇 %인지 계산하시오.

답) 1,500−1,300=200원/달러(6개월)

(1,500−1,300)/1,300×2×100=30.76%

<u>달러가 30.76%(연 기준으로) 프리미엄 상태에 있다.</u>

유로화 통용 10주년

유로화의 부침 10년[8]

이재윤 기자 / 20111228
@yonhap_graphics(트위터)

1.18달러(1999.1.1.)→0.82달러(2000.10.26.)→1.60달러(2008.7.15.)→
1.31달러(2011.12.27.)

유로화가 출범한 이후 기록한 미국 달러화 대비 환율의 주요 변곡
점이다. 유로화 위상의 변화를 여실히 보여 준다.

내년 1월 1일 유로 지폐와 동전이 통용되기 시작한 지 10년을 맞는
다. 10년 전 독일 등 12개국에 지폐 150억 장, 동전 520억 개 등 6,460

---

8) 내용&그래픽 출처: 연합뉴스, 2012년 12월 28일자 기사내용.

억 유로가 사실상 동시 배포되며 유로화가 시중에 모습을 드러냈다.

현재 17개국의 인구 3억 2,000만 명이 사용하는 유로화는 미국 달러화와 어깨를 나란히 하는 세계의 기축통화로 이미 우뚝 섰다. 유로화 가치는 세계 경제의 중요 요소로 자리매김했다.

도입 초기만 해도 유로화의 미래는 불안했다. 1999년 1월 유로당 1.18달러에서 출발한 유로화 가치는 줄곧 내리막길을 달려 '1유로＝1달러' 선을 힘없이 내줬다. 이어 2000년 10월에는 유로당 0.82달러까지 추락했다.

그러나 유로화 통용 시작 시점에 다가서면서 흐름이 바뀌었다. 유로화가 시중에 풀린 지 7개월 만에 '1유로＝1달러'를 되찾았다. 상승세는 멈추지 않았다. 속도의 차이는 있었지만 2008년 중반까지 전체적으로 오름세를 탔다. 유로화 안정에 대한 낙관론이 지배했다.

가파른 속도로 오르는 유로화를 걱정하는 목소리들이 커진 때도 있었다. 2008년 유로화 가치가 유로당 1.60달러까지 치솟을 무렵이었다. 유로화가 유로존 경제의 발목을 잡을 것이라는 우려가 고조됐다. 유로화 가치 급등이 수출 경쟁력을 크게 떨어뜨릴 것이라는 걱정이 프랑스를 중심으로 터져 나왔다. 일부 국가들은 유럽중앙은행(ECB)에 금리 인하에 대한 압박을 가하기도 했다. 미국과 중국 정부가 벌여 온 세계 '환율전쟁'에 유로존이 가세하는 것 아니냐는 관측이 쏟아졌다.

기세등등하던 유로화 가치는 2009년을 기점으로 꺾였다. 그리스에서 시작된 재정위기가 유로화 하락에 기름을 부었다. 그리스가 유로존으로부터 구제금융을 받기 직전인 지난해 5월 유로화는 1.22달러까지 떨어졌다. 그리스가 유로존을 탈퇴할지도 모른다는 불안감이 번졌기 때문이다. '1유로＝1달러' 시대로 돌아갈 수도 있다는 전망이 쏟아졌다.

다만 재정위기가 아일랜드, 포르투갈, 유로존 제3위의 경제규모인 이탈리아, 스페인 등으로 번지는 동안 유로화는 1.3달러 선을 버텨 냈다. 유로존 해체론이 상존하는 와중에도 유로화 출범 이후 전 기간을 대상으로 하면 여전히 높은 수준에 머물고 있어 유로존 체계 지속에 대한 기대감도 크다는 점을 보여 준다.

유로존 재정위기는 과거 수년간 지속돼 온 유로화 상승 국면에서 누적돼 온 채무문제라는 점에서 눈길을 끈다. 강한 유로화를 믿고 재정을 방만하게 운영한 데 따른 인과응보인 셈이다. 물론 남유럽 국가들이 유로화를 택하면서 상실한 환율정책 수단도 이들의 경제 기초 여건(펀더멘털)을 약화시킨 요인 중 하나다.

경제 성장 측면에서 본다면 현재 유로화 가치는 그리 나쁜 수준은 아니며 '고평가'가 해소된 적정범위에 있다는 게 유로존 당국의 보편적인 평가다.

그러나 유로존 전체가 재정위기에 휩싸인 지금 유로화 가치는 재정위기의 향배를 가늠하는 지표로 읽히고 있다. 유로당 1.30달러에 접근한 유로화는 재정위기가 장기간 계속될 것이라는 시장의 전망을 반영하는 것으로 풀이되고 있다.

유로화가 유로당 1.20달러로 다가갈지, 아니면 1.50달러로 다가갈지는 유로존 정부들의 위기 대응 성패에 달린 셈이다.

[요점정리]

1. 환율의 실제 계산법을 알아보았다.
평가절상, 평가절하의 개념과 할증(premium)과 할인(discount)의 개념을 이해하고, 연 개념에서 이들의 계산법과 어떠한 화폐가 이에 해당하는지를 이해한다면 강의를 이해했다고 생각된다.

2. 환율의 결정이론을 개념도를 통하여 살펴보았다. 전체적으로 내용을 이해하는 개념도를 머릿속에 그리면서 각각의 이론을 정리하면 도움이 되리라 생각된다.

3. 환율의 결정이론에 대하여 세부적으로 이론적인 전개를 알아보았다. 이론적인 전개를 알아 둘 필요가 있다고 생각된다.

[참고문헌]

강호상,『글로벌 금융시장』, 법문사, 2009.
이종철,『글로벌 금융론』, 박영사, 2011.
임태순,『경영학의 이해』, 한국학술정보(주), 2012.
______,『재무관리의 이해(공저)』, 법문사, 2012.
______,『재무관리』, 한국학술정보(주), 2011.
______,『주식시장과 투자』, 한국학술정보(주), 2011.
______,『글로벌경영』, 한국학술정보(주), 2011.
______,『핵심재테크』, 이담북스, 2010.
______,『금융시장』, 한국학술정보(주), 2010.
______,『현대경영학의 개관(공저)』, 법문사, 2006.
조갑제,『국제금융』, 두남, 2009.
최낙복,『국제금융』, 두남, 2011.
연합뉴스, 2012년 12월 28일자 기사내용.
이미지 출처: 연합뉴스, 2012년 12월 28일자 기사내용.

<h1 style="text-align:center">학습목표</h1>

1. 선도환, 금융시장을 이용한 헤징, 그리고 커버된 금리재정거래에 대해 알아본다.
2. 선물시장의 개념을 우선적으로 이해하고 선도환시장과의 비교를 통하여 개념을 명확화하고 우리나라의 선물시장에 대해 알아본다.
3. 통화선물거래에 대하여 알아본다.

제6장 헤징·선물거래·통화선물

1. 헤징방법(선도환, 금융시장 이용)

외환에 대한 위험(Fx risk)을 제거하기 위한 목적으로 행하여지는 헤징(위험회피)전략을 알아보자.

사례: 우리나라의 수출업자가 미국에 상품을 수출하기로 계약을 맺고 상품선적을 완료하였다. 대금은 n개월 후에 달러화로 지급받기로 하였는데 이 수출업자가 환리스크에 노출된 자신을 보호하는 방법은 무엇인가? 현재의 외환가격(spot price)은 ₩1,300/$1이나 미래에 한국의 원화가치 상승이 예상된다고 하자.

1) 선도환시장을 이용한 헤징

헤징방법) 환스크에 노출된 수출업자의 경우, 미래에 발생하는 수출대금을 선도환계약을 맺어서 자국통화에 대한 헤징을 할 수 있다.

(t=0) $1=\text{\textwon}1,300$

← 　선도환 계약 $1=\text{\textwon}1,250$

예상: (t=n) $1=\text{\textwon}1,200$

2) 금융시장을 이용한 헤징

헤징방법) 금융시장을 통한 헤징은 이 수출업자가 외화자산(달러)을 가지고 있을 경우, 우리나라의 통화 관점에서 미래에 발생하는 불확실한 경우에 해당하므로 달러화 금융시장에서 달러화 부채를 얻은 후에 나중에 갚는 방법으로, 달러화 통화에 대한 노출로 인한 위험 혹은 불확실성을 제거하는 방법이다.

① t=n 후의 수출대금은 $x

② t=0 시점에서 t=n 시점에 $x에 해당하는 금액 얻음.
미래가치(FV = $x)이므로

$$\text{현재가치(PV: }\$) = \frac{\$x}{1+i^*/(12/n)}$$

③ $$\text{현재가치(PV: \textwon)} = \frac{\$x}{1+i^*/(12/n)} \times S_t$$

④ 국내금융시장에서의 원리합계(위험 회피된 원화가치)

$$\frac{\$x}{1+i^*/(12/n)} \times S_t \times \{1+i/(12/n)\}$$

$$\text{즉 } x \times S_t \times \frac{1+i/(12/n)}{1+i^*/(12/n)}$$

여기서, S_t: 현물가격(spot rate)

i*: 외국의 이자율

3) 커버된 금리재정거래(covered interest arbitrage condition)

사례: spot rate(현물환): $\$1.400/\pounds$

3 mon. forward rate(선도환 3개월물): $\$1.386/\pounds$

UK(영국) 이자율＝12%/년

US(미국) 이자율＝7%/년

거래규모: 280만 달러 혹은 200만 파운드

위와 같은 사례에서 재정거래가 발생하겠는가?

만일 발생한다면, 어떠한 거래를 하여야 하는가?

개념: 재정거래(arbitrage condition)

재정거래란 '차익거래'라고도 하는데, 아무런 위험 없이 얻을 수 있는 수익이 존재할 때 발생하는 거래를 말한다.

사례해석) 이미 학습한 환율의 결정이론을 중심으로 해석해 본다. 즉 이자율이나, 인플레이션의 차이가 선도환 가격과 차이가 있는가를 조사한다(지난주 강의내용인 이자율평가설, Fisher effect, International Fisher effect 등 참조 바람).

문제해결)

절차 1. 양국의 이자율 차이는 5%

영국의 파운드화는 선도환율에서 **4% discount** 상태

절차 2. 지금, 미화 280만 달러를 빌린다.

나중에 갚아야 하는 미화의 원금은

280만 달러×{1+0.07/(12/3)}＝284만 9,000달러

절차 3. 280만 달러를 영국의 파운드화로 바꿈.

280만 달러/1.4＝200만 파운드

절차 4. 200만 파운드를 영국은행에 입금

200만 파운드×{1+0.12/(12/3)}＝206만 파운드

절차 5. 파운드화를 팔고(short position) 달러를 매입(long position)

206만 파운드×1.3860＝285만 5,160달러

절차 6. 이익은 6,160달러

2,855,160−(2,800,000+49,000)＝6,160

따라서 시장에 참여했던 매매차액거래자(arbitrager)는 아무런 위험
(Fx. risk) 없이 6,160달러를 손에 쥘 수 있다.

2. 선물시장(future market)

1) 선물시장(future market)

양 당사자 간에 미래의 특정시점에 일정가격으로 기초자산을 사거나 팔기로 하는 협약을 하는 것을 의미한다. 선물거래가 이루어지는 가장 큰 거래소는 시카고 상품거래소(CBOT: Chicago Board of Trade)와 시카고상업거래소(CME: Chicago Mercantile Exchange)를 들 수 있다.

통화선물의 경우 시장참여자가 진입가격(entry price)을 가지고 개시증거금(initial margin)을 내고 그날의 거래 종료 시 끝난 가격을 가지고 차액을 계상한다. 따라서 만일 그날 이익을 얻으면 계정잔고가 개시증거금보다 커지게 되고, 만일 손실을 보게 되면 계정잔고가 증거금보다 적어지게 되며, 일정한 유지증거금보다 적어지게 되면 추가증거금을 내야 한다.

2) 통화선물

open: 시초가

high: 최고가

low: 최저가

settle: 확정가(끝난 가격)

change: 변화된 가격(전일 대비)

life time high: 여태까지 최고치

life time low: 여태까지 최저치

est vol: 당일거래 추정치

vol: 거래량

3) 선도환시장과 통화선물시장의 비교

A. 선도환시장

a. 장외거래로 장소 구애 없는 시장(non-organized market)

b. 거래 조건: 필요에 따라 결정

c. 거래 정산: 만기에 정산

d. 수수료는 매매차익: spread(ask-bid 차이)

e. 거래 규제: 없음.

B. 선물시장

a. 조직화된 거래소(organized market)

b. 거래 조건: 표준화되어 있음(지정된 장소, 계약단위, 결제일).
예) 결제일은 3, 6, 9, 12월 셋째 수요일

c. 거래 정산: 매일 정산

d. 증거금 납부

f. 수수료는 commission

g. 대부분 반대매매를 통하여 청산됨.

4) 우리나라의 선물시장

a. 우리나라의 선물시장은 1999년 3월에 출범하였다.

b. 현재 부산에 위치해 있다. 단, 주가지수선물과 주가지수옵션시장은 서울에 있다.

c. 현재 거래되는 품목으로 미국달러통화선물, 정기양도성 예금증서, 금리선물, 금선물, 미국달러통화옵션 등 5가지를 상장시키고 있다.

d. 결제일은 3, 6, 9, 12월 셋째 수요일

5) 선물거래의 경제적 기능

a. 가격예시 기능

생산자는 용이하게 생산이나 투자의 의사결정을 할 수 있고 재고의 보관에 수반되는 수익이 보장되기 때문에 공급물량의 시차적 배급이 이루어지게 된다.

b. 위험이전 기능

본질적인 선물시장의 기능이 미래가격을 계약을 통하여 확정 지음으로써 위험을 이전하는 기능을 갖는다.

6) 선물시장의 참가자

a. hedger: 순수한 위험회피를 위한 거래자로서 환위험 노출을 축소하는 데 목적을 두는 거래자이다.

b. speculator: 선물가격 변동으로 인한 이익을 노리고 선물계약의 포지션을 변경하는 거래자를 말한다.

c. arbitrager: 차익거래자를 말한다.

7) 선물가격과 현물가격의 접근

인도일이 가까워질수록 선물가격은 현물가격에 접근하게 된다. 즉 인도기간이 다가올수록 선물가격은 현물가격과 동일하거나 현물가격에 접근하는 양상을 띠게 된다. 이와 같이 차이가 적어지는 것은 무위험 수익을 바라는 끊임없는 차익거래자들의 활동에 영향된다고 볼 수 있다. 따라서 금융적인 관점에서 차익거래자들의 역할은 차익

의 조건(arbitrage condition)을 없애 줌으로써 시장의 효율성을 증대시
키는 역할을 수행한다고 볼 수 있다.

3. 통화선물거래

1) 개념

a. 매입헤지: 미래의 시점에 자산을 매입할 예정인 기업의 경우, 선물에 대한 매입포지션을 취하여 가격위험을 헤지하는 경우를 말한다.

b. 매도헤지: 미래의 시점에 기초자산을 매도할 예정인 기업의 경우, 이 기초자산을 소유한 소유자는 자신의 기초자산가치를 보존하기 위하여 선물에 대한 매도포지션을 취하게 되는데 이를 매도헤지라고 한다.

c. 베이시스: 베이시스란 현물가격 - 선물가격을 말한다.
따라서 헤지 대상이 되는 자산과 선물계약의 기초자산이 동일하면 선물계약의 만기일에 베이시스는 제로(0)가 된다.

d. 베이시스 강화: 현물가격이 상승하면 베이시스는 증가하는데 이를 베이시스 강화라고 한다.

e. 베이시스 약화: 베이시스 강화의 반대로, 선물가격이 현물가격보다 더 많이 상승하게 되는 경우를 말한다.

현금 과도한 기업, 사고 치기 쉽다[9]

파이낸스 분야 세계적 석학인 르네 스툴츠 미국 오하이오대 교수는 "미국기업은 왜 과거보다 많은 현금을 보유하고 있을까(2009년 9월, Journal of Finanace)"라는 논문에서 미국기업이 현금보유를 늘리는 첫 번째 이유로 '현금 흐름의 리스크 증가'를 꼽았다. 과거에 비해 기업이 변했다는 점도 주목했다. 지난 26년 동안 자산 대비 현금 비율을 분석한 결과 재고자산과 외상매출금이 줄어들고 연구개발(R&D) 집약 쪽으로 기업이 변하면서 현금보유 필요성이 증가했다는 것이다. 미국기업이 배당을 크게 줄여 온 것도 현금 증가와 관련이 있다. 현금 배당과 관련해 많이 인용되는 고전적인 논문 파머&프렌치 교수 논문 "사라진 배당(2000)"에 따르면 1978년에는 미국 상장기업 중 66.5%가 배당을 했지만 1999년에는 20.8%로 줄었다. 이전에 비해 이익은 적고 성장 기회는 많은 소규모 기업 위주로 상장이 많이 됐기 때문이다. 매일경제신문은 스툴츠 교수와 이메일 인터뷰를 통해 기업의 현금보유 득실과 기업가치를 높이는 현금관리 전략에 대해

---

9) 출처: 매일경제신문, 2010년 9월 24일자 기사내용.

알아봤다. 스툴츠 교수는 기업이 현금보유를 늘리는 이유는 불확실성 때문이지만 반대로 특별한 이유 없이 현금을 쌓아 놓으면 경영진이 '사고를 칠 가능성이 많다'는 의견을 제기했다. 스툴츠 교수와 톱 저널에 논문을 여러 편 공동 게재한 고봉찬 서울대 교수가 인터뷰 내용에 대해 부연설명을 했다.

– 당신 논문에 따르면 미국 상장기업의 자산 대비 현금 비율이 1980년보다 2배 높아졌다. 미국 연방준비제도이사회(FRB)는 최근 미국기업의 현금보유량이 1조 8,400억 달러(2010년 3월 기준)에 달한다고 발표했다. 기업들은 왜 이렇게 현금에 매달리고 있다고 보는가.

▶ 최근 내가 쓴 논문 중 이 문제를 다룬 것이 있다. 금융위기는 상당한 '불확실성(Uncertainty)'을 가져왔다. 금융위기로 불확실성이 커지면서 기업들은 현금을 더 많이 보유하게 됐다. 최근 분석해 보니 리먼브라더스 붕괴(2008년 9월) 이후 6개월 동안 미국 대기업의 현금보유액은 거의 1,000억 달러 가까이 증가한 것으로 나타났다.

– 월스트리트저널(WSJ) 기사를 보면 2009년 비금융업 분야 500대 기업의 자산 대비 현금보유비율이 9.8%로 나타났다. 전년 7.9%보다 크게 높아졌다. 또 정보기술 분야 기업들이 타 산업에 비해 현금보유비율이 더 높은 경향이 있는 것으로 분석했다. 이런 점이 시사하는 바는 무엇인가.

▶ 현금보유비율이 높은 기업들을 일일이 명확하게 들여다보진 않았지만 대규모 자사주 매입 계획을 가지고 있던 기업들이 금융위기가 터진 2008년 9월 이후 그 계획을 늦춰 갔다. 이로 인해 해당 기업들은 현금보유액이 크게 증가했다. 더 나아가 기업들이 대규모 투자를 해 나가는 데 조심스러워했다. 최근 이런 산업에서 대규모 인수·합병(M&A) 소식을 조금씩 볼 수 있는데, 이는 상황이 변하고 있는 것으로 보인다.

– 과거 자료를 기초로 볼 때 최적 현금보유액은 어느 정도라고 생각하는가.

▶ 우리는 어떤 기업이 현금을 너무 적게 보유하고 있다거나 과도하게 보유하고 있는지를 계산해 내는 데는 능하다. 하지만 기업의 현금보유액이 많은지, 적은지 확신할 수 없는 넓은 영역이 있는 것도 사실이다.

너무 많은 현금보유로 인한 비용은 (현금의 수익률이 낮다는 점보다) 기업들이 과도한 현금을 사용하기 위해 어리석은 일을 벌이는 경향이 있다는 것이다. 따라서 현금 과다 보유 기업은 자사주를 매입하거나 배당금을 지급하도록 하는 것이 더 낫다.

이에 대해 고봉찬 교수는 "미래 자금 수요나 투자기회에 대한 예비적 동기 이상 현금을 보유하고 있으면 그만큼 기회비용이 발생한다"고 설명했다. 이 때문에 경영진은 자본비용에도 못 미치는 수익률이 나오는 투자처에 돈을 투자하는 소위 과잉투자(비관련 다각화 등) 오류를 범하게 되고, 결국 기업가치가 하락하는 사례를 흔히 보게 된다는 것이다. 과잉현금을 과잉투자로 소진하면 주주는 배당도 받지 못한 채 미래에는 주가 하락으로 자본손실까지 보게 된다.

고 교수는 "따라서 과잉현금은 과잉투자 대신 주주에게 돌려주는 것이 대리인 비용을 줄이고 경제 전체적으로도 바람직하다"고 설명했다.

대리인 비용(Agency cost)은 기업의 주인인 주주와 경영진 간 이해상충으로 인해 발생하는 문제를 의미한다. 확고하게 자리를 잡고 있는 경영진일수록 현금을 더 쌓아 놓는 경향이 있으며, 동시에 이 초과 현금을 재빠르게 사용해 버리는 성향도 나타난다. 뚜렷한 지배주주가 없는 신한금융지주 경영권 내분은 대리인 문제가 극단적으로 드러난 대표적인 또 다른 사례다.

- 글로벌 금융위기 이후 비용을 줄이고 직원을 해고하면서 현금을 쌓아 갔던 기업들이 올해 들어 다시 투자하기 시작했다. 올해 적지 않은 인수 계획이 발표됐다. 지금이 새로운 비즈니스를 위해 인수를 시도하고 설비 투자를 하기에 적당한 시기라고 생각하는가. 최근 비즈니스 동향을 기업의 현금보유액이 최고점을 찍었다는 신호로 볼 수 있는가.

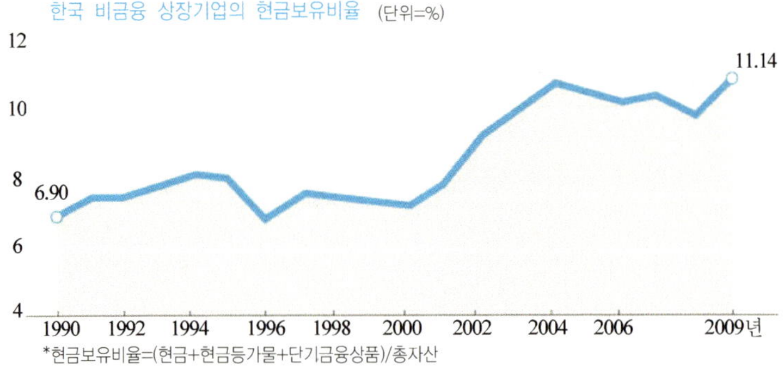

▶ M&A가 늘어나면 그동안 쌓아 뒀던 현금을 소비하게 될 것이다. 하지만 시장에는 여전히 많은 불확실성이 존재한다. 미국에서는 더블딥에 대한 걱정이 빠르게 커지고 있다. 동시에 미국에서 세금이 높아질 가능성이 있는데, 이로 인해 단기적으로 배당 등을 하게 될 여지가 있다.

– 한국기업들은 현금을 많이 보유하고 있더라도 M&A에 보수적인 경향이 있다. M&A와 관련한 조언과 성공적 인수를 위해 지켜야 할 원칙이 있다면.

▶ 나는 한국기업들이 스마트하다고 생각한다. 인수기업의 주주 측면에서 M&A 기록을 보면 썩 좋지 않다. 상장된 젊은 기업이 아직 상장되지 않은 다른 젊은 기업을 인수하는 건 좋은 것으로 보인다. 하지만 상장된 지 오래된 기업이 다른 오래된 상장사를 인수하는 건 좋지 않다.

스툴츠 교수는 "인수기업의 주주는 인수로 이득을 얻었는가(2003~2004)"라는 논문에서 미국 상장기업의 인수 발표 1만 2,023건을 분석한 결과 기업이 인수를 발표했을 때 이들 기업주주들은 전체적으로 2,180억 달러를 잃은 것으로 분석했다.

특히 1997년 이후 손실은 더욱 커졌다. 기업 규모별로 보면 소규모 기업의 주주는 80억 달러를 벌었지만 대규모 기업의 주주는 2,260억 달러를 손해 봤다.

고 교수는 "보통 피인수기업의 초과수익률은 높게 나오지만 인수 기업의 수익률은 아주 낮다. 따라서 기업은 인수대상 기업을 적극적으로 물색하면서 시너지 효과가 무엇인지 찾아내야 한다. 또 인수 이후 통합 과정에서 원래 기대했던 것을 만들어 내려면 상당한 노력이 필요하다. 또 최근 몇 년간 한국기업의 합병을 분석해 보면 상장기업이 비상장기업을 합병하는 형태가 많이 나타난다"고 설명했다.

S&P 500 현금보유액 상위기업		
		단위＝억 달러
1	GE	1,160
2	시스코시스템스	391
3	마이크로소프트	367
4	포드자동차	347
5	구글	301
6	애플	243
7	웰포인트	202
8	오라클	185
9	인텔	183
10	존슨&존슨	180

※ 2010년 1분기 기준. 자료＝S&P's 캐피털 IQ.

한국 상장기업 현금보유액		
		단위＝억 달러
1	삼성전자	89
2	현대차	62
3	포스코	53
4	LG디스플레이	28
5	SK에너지	18
6	현대제철	17
7	기아차	16
8	GS건설	12
9	하이닉스반도체	11
10	동국제강	10

※ 2009년 12월 결산. 달러 환산. 자료＝상장사협의회.

- 어떤 기업들은 보유 현금을 인수나 투자 대신 현금 배당이나 자사주 매입에 사용하기로 결정하곤 한다. 배당이나 자사주 매입이 시장에 좋은 신호라고 생각하는가. 일부에선 배당이나 자사주 매입은 기업이 더 이상 새로운 비즈니스를 찾기 힘들다는 적신호로 받아들일 수 있다는 의견도 있다. 아울러 배당과 자사주 매입 가운데 장기적인 관점에서 주주에게 더 도움이 되는 건 무엇이라고 생각하는가.

▶ 기업은 배당을 줄이는 것을 극단적으로(extremely) 싫어한다. 따

라서 시장에 보내는 시그널로는 배당이 더 가치가 있다. 일단 기업이 한번 배당을 늘리고 나면, 이 정도 배당이 계속 유지될 것이라는 표시로 믿어진다. 하지만 자사주 매입은 그렇지 않다.

- 어떤 기업의 경영진은 보유 현금을 배당이나 자사주 매입 형태로 주주에게 기꺼이 돌려주지만, 또 다른 기업은 이를 꺼린다. 두 가지 기업 간에 어떤 특징적인 차이점이 있는가.

▶ 두 그룹의 기업 경영진 모두 올바르게 일을 하고 있다고 볼 수 있다. 더 많은 현금을 보유하려는 기업이 있는 반면 좀 적게 보유하려는 기업이 있다. 하지만 만일 기업이 특별한 이유 없이 현금을 많이 보유하고 있다면, 적정 수준을 넘는 현금은 주주에게 돌려줘야 한다. 최고경영자(CEO)가 이를 원하지 않는다면 이는 곧 기업 주인의 의사에 반하는 일을 하고 있는 것과 마찬가지가 된다.

- 만일 당신이 구글이나 애플, 삼성처럼 현금을 많이 보유한 기업의 CEO라면 현금을 어떻게 관리할 것인가. 인수나 배당이나 자사주 매입 가운데 어떤 방식을 가장 선호하는가.

▶ 단기적으로는 자사주 매입이 현금을 의미 있는 방식으로 줄이는 가장 합리적인 방법이라고 본다.

이에 대해 고 교수는 "일시적으로 과잉현금이 있다고 현금 배당을 예년에 비해 대폭 늘리는 건 바람직하지 않다"며 "현금 배당의 증가는 기업의 미래 현금흐름에 대한 전망이 양호할 때만 하는 것이 일반적인 만큼 이때는 자사주 매입이 낫다"고 말했다.

배당은 주주에게 배당소득세가 원천징수되지만 자사주 매입은 주주의 선택에 따라 달라지기 때문이라는 설명이다. 고 교수는 "미래 수익가치가 현 주가보다 크다고 판단하는 투자자는 주주로 남을 것이고 그렇지 않은 투자자는 주식을 매각해 투자금액을 환원받을 수 있다"면서 "자사주 매입은 주가 안정이나 적대적 M&A에 대한 방어수단 등으로 이용할 수 있어 미국에서도 배당보다 더 많이 사용되고 있는 추세"라고 덧붙였다.

[요점정리]

1. 선도환시장과 금융시장을 이용하여 외환의 노출로 발생하는 위험을 줄이는 헤징방법을 알아보았다. 또한 실질적으로 주어진 상황하에서 차익거래를 수행하는 방법을 공부하였다.

2. 선물시장에 대한 개략적인 개념을 공부하였다. 선도환시장과 선물시장과의 차이를 알아보고, 우리나라의 선물시장에 대하여 알아보았다. 또한 통화선물의 테이블을 읽는 방법을 공부하였다.

3. 통화선물과 관계된 기초용어에 대해 알아보았다.

[참고문헌]

강호상, 『글로벌 금융시장』, 법문사, 2009.
이종철, 『글로벌 금융론』, 박영사, 2011.
임태순, 『경영학의 이해』, 한국학술정보(주), 2012.
______, 『재무관리의 이해(공저)』, 법문사, 2012.
______, 『재무관리』, 한국학술정보(주), 2011.
______, 『주식시장과 투자』, 한국학술정보(주), 2011.
______, 『글로벌경영』, 한국학술정보(주), 2011.
______, 『핵심재테크』, 이담북스, 2010.
______, 『금융시장』, 한국학술정보(주), 2010.
______, 『현대경영학의 개관(공저)』, 법문사, 2006.
조갑제, 『국제금융』, 두남, 2009.
최낙복, 『국제금융』, 두남, 2011.
매일경제신문, 2010년 9월 24일자 기사내용.

학습목표

1. 스왑(swap)의 개념과 종류, 그리고 금리－통화스왑이 국제금융시장에서 어떻게 이용되고 적용되는가를 실례를 가지고 학습한다.
2. 파생상품의 일종인 옵션(option)에 대해 개념을 정리하고, 실질적으로 환위험(foreign exchange risk)을 줄이기 위한 전략으로 옵션을 이용하는 방법을 학습한다.

제7장 국제파생상품

1. 스왑거래와 통화스왑

1.1. 스왑거래의 의의

1) 스왑(swap)의 개념

a. 스왑이란 자신이 소유한 것을 서로 교환하는 거래

b. 장내 특정기간 동안 실물자산이나 금융자산의 가격에 기초해서 설정된 일정계약의 내용에 따라 결제하기로 약속된 계약

c. 환율이나 이자지불의 관점에서 비교우위의 조건을 얻기 위해 두 당사자 간에 금융의무를 교환하는 것(An exchange of financial obligation between two parties to get a favorable condition in terms of currency, interest payments)

2) 스왑거래의 발전

a. 스왑거래는 물물교환의 형식으로 1980년대 들어 금융상품의 스

왑이 발전한 이래 초고속 발전을 지속

b. 재무적인 위험관리가 요구되는 금융환경하에서 위험관리, 자본
비용의 감소 및 규모의 경제를 실현하는 효과

c. 스왑거래는 초기에는 금융기관(상업은행, 투자은행)을 중심으로
한 브로커(broker)에서 딜러로 전환하는 발전

3) 스왑의 유형

a. 실물자산의 스왑(commodity swap)

'상품스왑'이라고도 하며 상품의 물물교환을 의미한다. 예를 들면 유동성이 부족한 국가 간 거래에 많이 적용되는 사례로 원유와 직물, 군수품과 고무의 교환을 들 수 있다.

예) 김우중 회장의 마케팅 능력

b. 금융자산의 스왑(financial swap)

금융자산의 스왑은 우리가 다루고자 하는 스왑을 말하며, 크게 통화스왑(currency swap)과 금리스왑(interest swap)으로 나뉜다.

1.2. 통화스왑(currency swap)

통화스왑이란, 상이한 통화로 차입한 두 차입자가 각자의 차입금에 대한 상이한 통화표시 채무의 상환을 상호 교환하는 계약을 의미한다.

1) 약정형태에 따른 통화스왑의 유형

a. 단기적 스왑

현물환 매각과 동시에 결제일이 다른 현물환을 재매입하는 거래로 통상적으로 결제일이 7일 이내인 경우를 의미한다.

예) 일일스왑(one-day 스왑): 일일스왑은 외환딜러가 외환포지션 변화에 따른 현금흐름을 조정하기 위한 목적으로 많이 사용되며, 주식시장에서의 'day-trading'과 같이 기간을 짧게 가지고 간다.

b. 현물환 대 선물환 스왑

현물환 매각과 동시에 특정기일에 선물환을 매입기로 하는 약정의 거래

예) 현물매각, 선물매입(spot sale, future purchase): 자금여유가 있는 통화의 매각과 동시에 매입

현물매입, 선물매각(spot purchase, future sale): 자금부족통화의 매입과 동시에 매각

c. 선물환 대 선물환 스왑

선물환의 매각과 동시에 결제일이 다른 선물환을 재매입하는 것으로 예를 들면 3개월 물의 매각, 6개월 만기물의 선물 매입 등을 말한다.

2) 거래형태에 따른 통화스왑의 유형

a. 상호 융자(parallel loan)

서로 다른 국가에 위치하고 있는 두 회사가 상대방 국가에 자회사

를 가지고 있을 때 자국에 있는 상대방 기업의 자회사에게 서로 동일한 금액을 대출해 주는 형태를 말한다. 주로 각 대출에 대한 이자의 기간별 지급과 원금상환은 두 기업 간에 일치하도록 정한다.

b. 상호 직접융자(back to back loan)

상호 직접융자는 상호 융자와 유사하나 자회사를 개입시키지 않고 본사 간의 직접융자라는 점에서 차이를 가지며 상호 직접융자의 경우에는 상대방의 채무가 불이행될 때, 자기 채무액과 서로 상계(netting)가 가능하다는 점이 상호 융자와의 차이점이다.

☞ 상호 융자나 상호 직접융자의 평가

상호 융자나 상호 직접융자의 경우 거래가 중간의 어떤 중계자를 개입시키지 않고 서로 직접 이루어지기 때문에 자금조달비용을 축소시킬 수 있고, 외환통제를 회피할 수 있다는 장점을 가지고 있다.

그러나 현실적으로 같은 조건의 당사자를 물색하기 어렵다는 문제점과 거래 당사자들끼리 이루어지는 거래인 만큼, 거래에 수반되는 신용위험이 있다는 단점을 가지고 있다.

1.3. 금리스왑(interest swap)

1) 금리스왑이란 서로 다른 채무자가 원금은 교환하지 않고 일정기간 동안 각자의 차입조건(유리한 조건의 차입)을 교환하기로 약정하는 거래를 의미한다.

2) 금리스왑은 기업의 자금조달을 원활하게 하는 이점이 있다.

즉, 금리스왑 계약을 맺은 두 당사자가 자금시장에서 서로 다른 신용으로 인하여, 한쪽은 고정금리로 자금을 조달할 때 비교우위에 있고, 상대방은 반대로 변동금리로 자금을 차입할 때 비교우위에 있다고 가정할 때, 이들은 각자 비교우위에 있는 금리로 자금을 조달하여 서로 교환하기로 약정하면 양자 모두 조달금리를 낮춤으로써 서로 상생(win-win)하는 계약을 말한다. 또한 금리스왑의 장점은 은행을 통한 노출거래가 아니라 장부 외 거래를 통하여 자신들만 비밀을 유지할 수 있는 장점도 가지고 있다.

1.4. 금리-통화스왑

이미 지적한 금리스왑과 통화스왑은 설명한 바와 같이 단순한 형태로 진행되지 않고 실제로는 다소 복잡한 형태를 가지고, 금리와 통화스왑이 동시에 일어나고 원리금 상환까지 맞바꾸는 형태로 이루어지는데 이를 금리-통화 스왑이라고 한다. 금리-통화스왑에는 고정금리통화스왑(fixed rate currency swap)과 변동금리통화스왑(interest rate currency swap)이 있다.

1) 고정금리통화스왑(fixed rate currency swap)

고정금리통화스왑이란 고정금리 대 고정금리의 스왑거래를 의미한다.

예를 들면, 한국에 있는 A회사와 미국에 있는 B회사 간의 고정금리통화스왑은 A회사는 한국의 채권시장에서 미국의 채권시장보다 상대적으로 좋은 평가를, 미국의 B회사는 한국의 채권시장보다 미국의 채권시장에서 상대적으로 좋은 조건으로 자금을 조달할 수 있을 경우에 발생할 수 있다.

(스왑거래 전)

<표 7-1> 스왑거래 전

	한국의 A회사	미국의 B회사	금리 차이
$ 채권시장	10%	9.75%	0.25%
W 채권시장	7.5%	7.75%	0.25%
금리차이	2.5%	2.0%	

이러한 조건하에서 한국의 A회사와 미국의 B회사는 스왑거래를 통하여 아래와 같은 결과를 얻을 수 있다.

(스왑거래 후)

<표 7-2> 스왑거래 후

	스왑거래 전	스왑거래 후	비용절감
A회사	10% 달러이자 지급	9.75% 달러이자 지급	0.25% 달러이자율
B회사	7.75% 원화이자 지급	7.5% 원화이자 지급	0.25% 원화이자율

2) 변동금리통화스왑(interest rate currency swap)

변동금리통화스왑이란 고정금리 대 변동금리의 스왑거래를 의미한다.

예를 들면, 한국에 있는 A회사는 국내시장에서 원화표시의 고정금리를 가지고 있는데 달러표시의 변동금리를 원하고, 미국에 있는 B회사는 미국시장에서 달러표시의 변동금리를 가지고 있는데 원화표시의 고정금리를 원할 경우, 두 당사자들은 서로 스왑거래를 통하여 서로에게 이익이 되는 거래를 할 수 있다.

(스왑거래 전)

〈표 7-3〉 스왑거래 전

	한국의 A회사	미국의 B회사	금리 차이
한국의 고정금리시장	7%	7.5%	0.5%
미국의 변동금리시장	Libor+1.5%	Libor+1.0h%	0.5%

이러한 조건하에서 한국의 A회사와 미국의 B회사는 스왑거래를 통하여 아래와 같은 결과를 얻을 수 있다.

(스왑거래 후)

〈표 7-4〉 스왑거래 후

	스왑거래 전	스왑거래 후	비용절감
A회사	Libor+1.5% 달러이자 지급	Libor+1% 달러이자 지급	0.5% 달러이자
B회사	7.5% 원화이자 지급	7.0% 원화이자 지급	0.5% 원화이자

1.5. 스왑거래의 관리

스왑거래는 시장변화와 관련된 시장위험(market risk), 상대방의 의무이행과 관련된 신용위험(credit risk), 그리고 이자지불과 관련된 유동성 위험(liquidity risk)과 같은 위험을 수반하는 거래이다. 따라서 체계화된 전략적인 관리가 요구되고 있다. 스왑거래의 관리는 아래와 같이 4가지로 나누어서 생각해 볼 수 있다.

a. 먼저, 스왑거래를 희망하면, 상대방에 대한 철저한 신용분석이 무엇보다 앞서서 진행되어야 한다.

b. 불이행 가능성에 대한 규제방안을 강구해야 한다. 예를 들면 특정한 스왑거래를 불이행하게 되면 모든 스왑거래에 대한 지불정지규정 등을 첨가하여 이행의 의무감을 부여해야 한다.

c. 혹시 있을 지급불능과 같은 불확실성에 대비하여, 담보나 증거금 등을 제공하는 규정을 삽입하는 방안도 생각해 볼 필요가 있다.

d. 상호 지급금액의 경우는 서로 상계(netting)규정을 두어 거래금액을 줄임으로써 신용위험을 줄일 수 있다.

2. 옵션거래와 통화옵션(Ⅰ)

2.1. 옵션거래의 의의

a. 옵션(option)이란 어떤 기초자산을 매입하거나 매도할 수 있는 권리(right)로서 당연히 해야만 하는 의무(obligation)는 가지지 않은 계

약을 의미한다.

b. 옵션은 콜옵션(call option)과 풋옵션(put option)으로 나뉜다.

콜옵션이란 특정가격으로 특정기간 동안에 기초자산을 매입할 수 있는 권리가 부여된 계약을 말하며, 풋옵션은 특정가격으로 특정기간 동안에 기초자산을 매도할 수 있는 권리가 부여된 계약을 의미한다.

c. 시장의 참여자는 옵션매입자(buyer 혹은 holder)와 매도자(seller 혹은 writter)로 구분된다. 이미 지적한 바와 같이 옵션매입자는 기초자산을 매입하거나 매도할 수 있는 권한을 가지지만 옵션매도자는 옵션매입자의 행사에 응하여야 하는 의무(obligation)를 가진다.

<표 7-5> 옵션거래

	콜옵션	풋옵션
매입자(holder)	살 수 있는 권한	팔 수 있는 권한
매도자(writter)	팔아야 하는 의무	사야 하는 의무

d. 통화옵션의 특징은

첫째: 외환시장에서 환율에 대한 보험의 성격을 지닌다.

둘째: 선도환과 선물환과 비교하여 볼 때, 의무사항이 아닌 행사의 선택권(right)을 가진다는 특징이 있다.

e. 통화옵션 거래소

첫째: 장내옵션(floor option)

　　　PHLX(Philadelphia Exchange)

　　　CME(Chicage Merchantile Exchange)

　　　CBOT(Chicago Board of Option Exchange)

LIFFE(London International Financial Futures Exchange)

둘째: 장외옵션(over-the-counter option)

2.2. 옵션의 가치

옵션의 상태는 기초자산의 가격과 행사가격의 차이에 따라 내가격 (in the money), 외가격(out of the money), 그리고 등가격(at the money) 로 나뉜다. 즉 콜옵션의 경우 기초자산의 가격이 행사가격보다 높으면, 내가격 상태이고, 같으면 등가격 상태, 낮으면 외가격 상태가 된다.

〈표 7-6〉 옵션의 가치

관계	콜옵션	풋옵션
기초자산의 현가 > 옵션행사가격	내가격	외가격
기초자산의 현가 = 옵션행사가격	등가격	등가격
기초자산의 현가 < 옵션행사가격	외가격	내가격

3. 옵션거래와 통화옵션(Ⅱ)

3.1. 콜옵션거래자의 손익

행사가격이 1,300원/달러, 옵션프리미엄이 30원/달러인 경우 콜옵션은 달러당 1,300원 이상이 되어야 매입자가 옵션을 행사하게 된다.

만약 환율이 1,400원이라면 옵션매입자는 달러당 70원(1,400-1,300-30)의 이익, 매도자는 70원의 손해가 발생하게 된다.

반대로 환율이 1,280원이라면 옵션의 매입자는 옵션을 행사하지 않기 때문에 프리미엄인 30원의 손실이, 그리고 매도자는 30원의 이익이 발생하게 된다.

3.2. 풋옵션거래자의 손익

풋옵션은 콜옵션의 반대모형이므로 반대로 생각하면 된다. 즉 옵션매입자는 현물가격이 하락해야 이익이 발생하고 매도자는 현물가격이 상승해야 이익이 발생하게 된다.

■ 심화학습 ■

KMAC '2011년 한국에서 가장 존경받는 기업' 선정[10]

■ 삼성전자가 2011년 한국에서 가장 존경받는 기업으로 선정됐다.

포스코, 유한킴벌리, 현대자동차, 유한양행, SK텔레콤은 지난해에 이어 올해도 존경받는 기업 상위권에 이름을 올렸다. 한국능률협회컨설팅(KMAC)은 21일 '2011년 한국에서 가장 존경받는 기업' 조사 결과를 발표했다.

한국에서 가장 존경받는 기업은 기업 전체 가치를 종합적으로 평가하는 조사다. 2004년 시작해 올해로 8회째를 맞이했다. 조사는 KMAC가 한국적 상황에 맞게 개발한 조사방법론을 바탕으로 30대 기업을 선정하는 'All Star 기업'과 산업별로 존경받는 기업을 선정하는 '산업별 1위 기업' 두 가지로 진행됐다.

■ 어떻게 선정했나?

존경받는 기업 조사는 지난해 10월부터 올해 1월까지 산업계 간부 5,200명, 증권사 애널리스트 230명, 일반 소비자 4,560명 등 총 9,990명을 대상으로 설문조사를 통해 이뤄졌다. 평가 분야는 혁신능력, 주주가치, 직원가치, 고객가치, 사회가치, 이미지가치 등 총 6개 항목이다. 올해는 냉장·냉동육, 신재생에너지, 자동차정비, 사이버대학, 항공,

---

10) 출처: 매일경제신문, 2011년 2월 21일자 기사내용에서 발췌.

IT솔루션 등 6개 산업에 대한 신규 조사가 이뤄졌다. 이립 KMAC 경영전략본부장은 "존경받는 기업이 되기 위해서는 지속적인 성장전략과 성과와 연계한 전략적 사회공헌 활동이 필요하며, 이는 경영의 개선 포인트를 짚어 내고 업무 효율화를 위한 워크스마트를 추진함과 동시에 꾸준한 커뮤니케이션 활동을 연계했을 때 가능하다"고 조언했다.

한국에서 가장 존경받는 기업		산업별 존경받는 1위기업	
순위	All Star 기업	산업군	기업
1	삼성전자	섬유(면방직)	일신방직
2	포스코	시멘트	한일시멘트
3	유한킴벌리	타이어	한국타이어
4	현대자동차	가정용보일러	린나이코리아
5	유한양행	냉장/냉동육	하림
6	SK텔레콤	도시가스	삼천리
7	현대중공업	편의점	GS리테일
8	안철수연구소	TV홈쇼핑	SG SHOP
9	LG전자	해운서비스	ST X팬오션
10	삼성생명보험	교육서비스	대교
11	LG화학	신용카드	신한카드
12	풀무원	인터넷쇼핑몰	G마켓
13	인천국제공항공사	종합병원	서울아산병원
14	대한항공	콘도미니엄	대명레저산업
15	삼성물산	보증보험	한국주택금융공사
16	삼성에버랜드	IT솔루션	인텔코리아
17	아모레퍼시픽	발전	한국수력원자력
18	삼성증권	건설공기업	한국철도시설공단
19	아시아나항공	연기금운용	국민연금공단
20	신세계	검사검증	교통안전공단
21	한국전력공사	생활가전	삼성전자 생활가전사업부
22	홈플러스	철강	포스코
23	삼성SDS	제약	유한양행
24	기아자동차	통신서비스	SK텔레콤

25	한국쓰리엠	생명보험	삼성생명보험
26	삼성화재해상보험	SOC시설관리	인천국제공항공사
27	신한은행	종합상사	삼성물산
28	웅진코웨이	건설	삼성물산
29	포스코건설	할인점	신세계 이마트
30	두산중공업	은행	신한은행

[요점정리]

1. 스왑에 대해 전반적으로 설명해 보았다. 스왑의 개념에서부터 출발하여 기본적인 거래의 형태, 종류를 흐름도를 통하여 파악해 보았다. 그리고 실질적으로 응용되는 실례를 가지고 적용해 보았다.

2. 옵션의 기본개념을 살펴보았다. 그리고 옵션의 의미를 알아보았고 옵션에 참여한 시장참여자들에 관해 설명해 보았다. 아울러 옵션거래소에 대해서 공부하였다.

3. 통화옵션거래에서 콜옵션과 풋옵션의 거래가 어떻게 이루어지며 또한 시장참여자들이 어떠한 손익을 얻게 되는가를 알아보았다.

[참고문헌]

강호상, 『글로벌 금융시장』, 법문사, 2009.
이종철, 『글로벌 금융론』, 박영사, 2011.
임태순, 『경영학의 이해』, 한국학술정보(주), 2012.
______, 『재무관리의 이해(공저)』, 법문사, 2012.
______, 『재무관리』, 한국학술정보(주), 2011.
______, 『주식시장과 투자』, 한국학술정보(주), 2011.
______, 『글로벌경영』, 한국학술정보(주), 2011.
______, 『핵심재테크』, 이담북스, 2010.
______, 『금융시장』, 한국학술정보(주), 2010.
______, 『현대경영학의 개관(공저)』, 법문사, 2006.
조갑제, 『국제금융』, 두남, 2009.
최낙복, 『국제금융』, 두남, 2011.
매일경제신문, 2011년 2월 21일자 기사내용(이미지 포함).

학습목표

1. 국제금융시장의 참여자에게 커다란 위험이 되고 있는 환율 변동으로 인한 위험(환위험)을 특징별로 분류해 보고 이를 이해하는 데 주안점을 준다.
2. 환위험에 대한 hedge 기법에 대해서 알아보고 환위험에 대한 실효성 있는 관리방법에 대해 연구해 본다.

제8장 환위험관리

1. 환위험의 의의

☞ 환위험의 개념을 알아보고, 환위험을 종류별로 분류하여 본다. 아울러서 각기 다른 종류의 환위험을 측정하는 방법과 대응전략에 대하여 연구해 본다.

1.1. 환노출의 의의

환노출이란?

환노출(foreign exchange exposure)이란 기업의 이익이나 가치가 예기치 않은 환율의 변동으로 인하여 변동하게 되는 위험에 노출되어 있는 가능성을 말한다. 그러나 이러한 환노출을 예측하기가 기술적으로 쉽지 않고, 또한 미래의 불확실성에 대한 예측으로 인하여 정확성이 많이 떨어지는 등 어려움에 직면하기 때문에 기업의 재무관리 담

당자의 입장에서는 환위험을 기업이 감당할 수 있는 범위 내에 두어
서 기업의 가치극대화라는 기업의 목표 달성에 이바지해야 하는 의
무를 지닌다.

1.2. 환위험의 구분

환율의 변동에 따라 기업이 직면하게 되는 환위험은 크게 거래적
노출, 환산 노출, 그리고 경제적 노출 등 세 가지로 나누어 볼 수 있다.

1) 거래적 노출(transaction exposure)

거래적 노출은 거래시점과 결재시점 사이에 환율이 변동하여 기업
의 이익이나 가치에 변동을 가져오게 되는 환위험을 말한다.

2) 환산 노출(translation exposure)

회계적 노출(accounting exposure)이라고도 하며, 연결재무제표를 본
사와 외국의 지사가 작성할 경우에 발생한다. 즉 기업 보유의 외화표
시 자산이나 부채를 자국통화로 환산할 때 환율의 변동으로 인하여
기업의 성과 및 재무 상태가 변동되게 되는 위험을 말한다.

3) 경제적 노출

경제적 노출(economic exposure)이란 예상하지 못한 환율 변동으로
인해서 기업의 미래현금흐름과 기업의 시장가치가 변동할 가능성을
의미한다. 그러나 만약, 환율의 변동을 미리 예상했다면, 그것은 경제

적 노출이 아니다.

$$V(\text{기업의 가치}) = \sum NPV(\text{기대현금흐름})$$

2. 환위험의 분류

☞ 환위험에는 거래적 노출, 환산 노출, 그리고 경제적 노출이 있음을 보았다. 그렇다면 이들 노출의 의의를 살펴보고, 노출의 효과와 측정 등에 관하여 살펴본다.

2.1. 거래적 노출

1) 거래적 노출의 의의

a. 거래적 노출은 미래현금흐름과 관계가 있다는 점에서는 경제적 노출과 유사하나, 경제적 노출에 비하여 비교적 단기간에 일어나는 환 노출이라는 점에서 차이점을 가진다. 거래적 노출은 외국통화로 표시된 재화나 용역의 외상매입과 외상매출(거래시점)이 결재시점의 환율 변동으로 야기되는 경우도 있고, 아직 결재되지 않은 선도환계약의 경우에도 발생될 수 있다. 또한 외국통화로 표시된 자산의 획득이나 부채의 발생 시에 결재시점의 환율 변동의 경우도 발생될 수 있다.

b. 실례

한국의 서울기업이 미국의 기업에게 1만 달러의 제품을 판매하고 대금은 60일 후에 받기로 외상매출을 한 경우, 서울기업은 60일 후에 1,300만 원(spot rate: 1,300원/1달러)을 수취하리라 예상했으나, 서울기업이 결재시점에 실제로 수취하는 금액이 1,200만 원(환율의 변동으로 1,200원/1달러)으로 되어서 서울기업의 거래적 노출이 100만 원의 손실이 되는 경우를 말한다.

c. 서울기업의 입장에서 거래적 노출을 회피하기 위해서는 미국의 기업과 지불조건을 원화로 지불하도록 함으로써 거래적 노출을 회피할 수 있는데 이는 서울기업의 거래적 노출을 미국의 기업에 이전하는 효과를 지닌다.

2.2. 환산 노출

1) 환산 노출의 의의

a. 환산 노출은 외화로 표시된 자산이나 부채를 자국의 통화로 환산하는 과정에서 환율의 변동으로 인해서 기업의 재무 상태 및 성과가 변동하게 되는 위험이다. 회계적 노출은 거래적 노출과는 달리, 이미 발생한 거래를 환산(translation)하는 과정에서 발생되는 거래이므로 단순한 장부상의 가치 변동을 말하며, 현금흐름을 유발하지 않는다는 차이점을 가진다.

b. 적용하는 환율법

- 현행 환율법(current rate method): 작성일 현재의 환율을 적용
- 역사적 환율법(historical rate method): 특정한 거래 또는 사건이 발생한 당시의 환율
- 평균환율(average rate): 일정기간의 환율을 평균한 환율

2) 환산 노출의 측정방법

외국통화로 표시된 재무제표를 국내통화로 환산하는 과정에서 발생되는 환산 노출로 인한 손익(profit&loss)은 외국통화에 노출되어 있는 부분에다 환율 변동의 크기를 곱하여 구할 수 있다.

즉,

환산 손익(profit&loss) = 순노출 × 환율 변동의 크기

3) 대응 전략

외국통화의 가치가 하락하는 경우에 외국통화의 표시자산이 부채보다 많이 노출되어 있는 경우에는 환산 손실(loss)을 보게 되고, 반대로 적게 노출되어 있으면 환산 이익(profit)을 보게 된다. 즉 재무관리 담당자들은 환율 변동이 예상될 때에는 기업의 자산과 부채의 노출을 적절하게 조정함으로써 환산 손익에 대응할 수 있다.

2.3. 경제적 노출

1) 경제적 노출의 의의

a. 경제적 노출은 예상치 못한 환율 변동으로 인한 미래의 기대현금흐름의 변화뿐만 아니라, 이러한 변동에 영향받는 기업가치의 변동 가능성을 의미한다. 따라서 경제적 노출은 환율 변동에 따른 제품가격 및 제품원가의 변동뿐만 아니라, 모든 경제적인 변수의 변동이 기업의 미래현금흐름에 어떤 영향을 줄 것인가 하는 관점에서 기업의 총체적인 차원에서 종합적으로 평가되어야 한다.

b. 경제적 노출은 예상된 환율의 변화에 대한 정보로 이미 시장에 반영된 정보는 위험노출로 간주되지 않으므로 반드시 예상치 못한 환율 변동에 따른 기업의 시장가치를 변화시키는 원인에 한정한다.

2) 경제적 노출의 효과

경제적 노출의 효과는 아래와 같이 세 가지로 나누어 생각할 수 있다.

a. 단기 경제적 노출의 효과

단기 경제적 노출의 효과란 예상하지 못한 환율 변동이 1년 이내의 단기간 동안에 현금흐름에 직접적으로 영향을 미치는 효과로서, 계약조건으로 인하여 실현된 현금흐름과 기대현금흐름 간에 발생되는 차이를 말한다.

예) 한국의 기업과 미국의 기업이 수출 관련 잠정계약을 체결한 6
    개월 후에 실제 거래를 시행하였는데 예기치 않은 환율 변동으
    로 괴기가 발생하는 경우

b. 중기 경제적 노출의 효과

중기 경제적 노출의 효과란 예상하지 못한 환율 변동이 통념적으
로 2년에서 5년 정도(중기)의 기간 안에 기대현금흐름에 영향을 주는
경우로서 두 가지로 나누어서 생각할 수 있다.

① 외환시장이 균형시장인 정황하에서(환율의 결정조건)
시간이 흐름에 따라 다른 변수들(가격과 비용)이 서로 균형을 이루
어서 효과가 상쇄되어 결국은 노출의 효과가 제로에 근접하는 경우
이다.

② 외환시장이 불균형시장인 정황하에서(환율의 결정조건)
시간이 지속되어도 시장의 불균형으로 인하여 가격과 비용이 변동
되지 않기 때문에 경제적 노출효과가 지속되는 경우이다.

c. 장기 경제적 노출의 효과

외환시장이 만약 불균형 시장 상태에 지속하여 놓이게 된다면 경
제적 노출의 효과는 5년 이상의 장기적인 관점에서도 변함없이 지속
될 수 있다.

3. 환노출별 위험관리

3.1. 거래적 노출의 관리

1) 금융시장을 이용한 노출의 관리

외환시장과 금융시장을 이용한 헤징방법은 우선, 선도환시장을 이용하는 경우, 선물환시장을 이용하는 경우 또는 화폐시장을 이용하는 경우, 옵션시장을 이용하는 경우 등을 들 수 있다.

2) 영업전략을 이용한 노출의 관리

a. 상계(netting)

채권과 채무의 차액만을 결재함으로써 노출을 최소화하는 행위

b. 매칭(matching)

통화별로 현금흐름의 수급금액 및 시기를 의도적으로 일치시키는 방법

c. leading

대금지급시기를 앞당기는 것

d. lagging

대금지급시기를 늦추는 것

3.2. 환산 노출의 관리

환산 노출의 관리는 선물시장을 이용하는 방법(거래적 노출의 관리와 동일)과 대차대조표를 이용한 헤징으로 기업의 연결재무재표상에서 외국통화로 표시된 자산과 부채의 크기를 같게 하여 순환산 노출을 제로로 만드는 방법이 있다.

3.3. 경제적 노출의 관리

1) 경영활동의 다각화

위험을 회피하는 기본원리는 분산이다. 즉 이러한 재무적인 원칙을 경영활동에 도입하여 기업의 경영이 국제적으로 다각화하는 전략을 수립하는 방법이다. 즉 제품의 판매뿐만 아니라 원료공급선의 다각화 및 생산설비의 모든 단계를 여러 나라에 분산시키는 전략을 구사한다면 환율 변동에 대하여 신축적으로 대응할 수 있을 것이다.

2) 재무활동의 다각화

기업이 재무활동 측면에서도 국제금융시장에서 다각화되어 있다면, 국외의 여러 시장에서 효율적으로 자금을 관리하고 운영할 수 있을 것이다. 따라서 기업의 신용을 높은 수준으로 끌어올려서, 국제금융시장에서 다각화된 재무활동을 할 수 있게 구조적인 전략을 수립할 필요성이 있다.

현금을 경영하라[11]

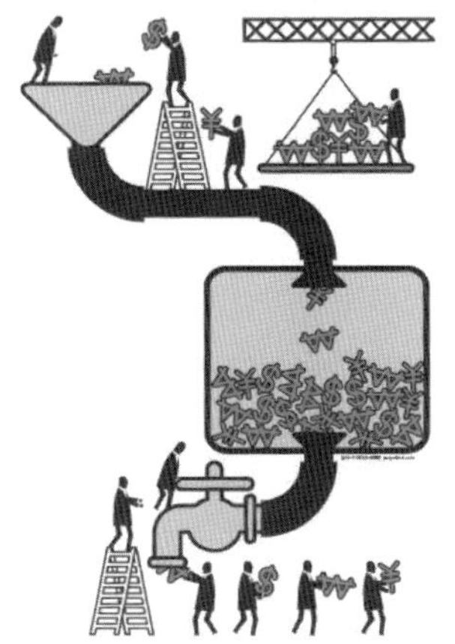

　'금이 왕이다(Cash is King).' 불황이 엄습하면 어김없이 신문 헤드라인을 장식하는 말이다. 기업 최고재무책임자(CFO)들도 입버릇처럼 되뇐다. 그러나 어둠이 걷히기 시작하면 현금은 바로 왕 자리를 내놔야 한다. '현금은 왕이 아니다'로 바뀐다.

　이 정도면 양반이다. 구름이 완전히 걷히면 '현금은 쓰레기(Cash is Trash)'라는 소리까지 나온다.

　언뜻 보면 결론은 간단하다. 불황이면 현금을 쌓고, 호황이면 풀면 된다. CFO가 머리 싸매고 고민할 이유가 없어 보인다.

　그러나 기업 재무에서 현금은 말처럼 다루기 쉬운 물건이 아니다.

---

11) 출처: 매일경제신문, 2010년 9월 25일자 기사내용.

현금흐름 잘못 봤다 망한 기업이 한둘이 아니다. 걸핏하면 "현금만
쥐고 투자 안 한다"는 비난이 일지만 "그럼, 현금을 얼마나 보유해야
적정한가"라고 물으면 선뜻 답하기 쉽지 않다. 현금보유 연구에 관한
대가인 스툴츠 교수조차 "적정 여부를 확신할 수 없는 부분이 있다"
고 말할 정도니까.

2008년 글로벌 금융위기가 터진 이후 허리띠를 졸라매면서 현금이
많이 늘긴 했지만 기업이 현금을 늘려 온 건 어제오늘 일이 아니다.

월스트리트저널(WSJ) 분석에 따르면 지난해 미국 500대 비(非)금
융기업의 총자산 대비 현금(현금등가물 단기금융상품 포함)보유비율
은 9.8%였다. 1989년엔 4.4%에 불과했다. 가장 빠르게 변하는 IT 산
업은 지난해 현금보유비율이 무려 27%에 달했다. 전체 평균보다 3배
나 높다.

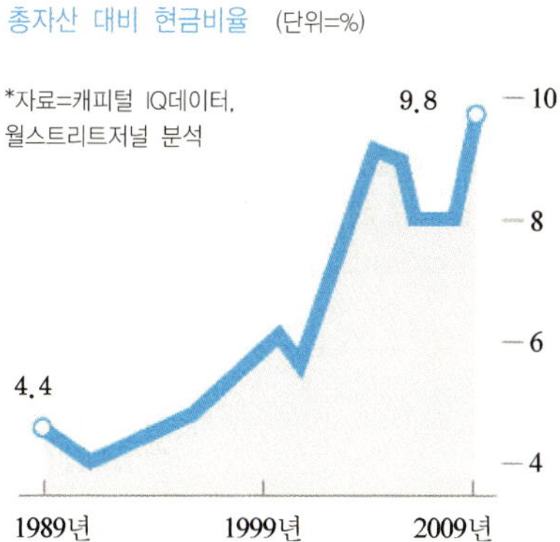

한국기업은 어떨까.

매일경제신문이 빈기범 명지대 경영학과 교수에게 의뢰해 한국거래소(KRX)에 상장된 비금융 제조기업을 분석한 결과 지난해 현금보유비율은 11.1%로 나타났다. 20년 전인 1990년에는 6.9%였다. 금액으로 보면 2008년에 100조 원이 넘었다.

위험을 헤지(회피)할 수 있는 파생상품 등 금융기법과 정보기술(IT)이 발달하면서 현금을 쥐고 있을 요인이 줄었음에도 기업 경영환경은 현금을 더 많이 쌓아야 할 만큼 불확실하고 위험해졌다. 그러나 적지 않은 기업은 '마음의 평화'를 위해 위험을 커버하고도 남을 만큼 돈을 손에 쥐고 있다.

빈 교수는 "신용도와 유동성이 좋아 자본시장이나 금융시장에서 자본조달에 제약이 없어 굳이 현금을 보유할 필요가 없는 기업이 상대적으로 많은 현금을 보유하고 있는 것으로 분석됐다"며 "이는 기업가치에 부정적인 영향을 미친다"고 말했다.

기업은 투자할 기회, 주주는 재투자할 기회를 잃어버리게 되는 셈이니 기업가치에는 악영향을 미친다는 얘기다.

경영진의 모럴해저드(도덕적 해이)로 대리인 비용이 발생하면 손실은 커질 가능성이 있다.

이론적으론 거래적 동기나 예비적 동기 이외 현금은 투자 또는 인수, 배당 또는 자사주 매입으로 처리하는 게 기업가치에 도움이 된다(현금을 보유하는 또 다른 동기로 세금이 있다. 미국에서는 외국에서 본국으로 송금하면 세금이 많아 다국적기업이 현금을 많이 보유하는 경향이 있는 것으로 분석됐다).

남는 현금을 기업가치를 높이는 데 사용하기로 결정했다면 문제는 배당과 자사주 매입, 인수와 투자 가운데 무엇을 선택하고, 얼마나 적절히 조화시키느냐에 달려 있다. 왜냐하면 자칫하면 주주 환원은 기업이 미래 투자기회를 찾지 못하고 있다는 시그널로, 인수 결정은 되레 주주의 부를 훼손하는 결과를 낳을 수 있기 때문이다.

[요점정리]

1. 환위험과 관련하여 기업이 직면할 수 있는 환위험에 대한 의의를 살펴보았다.

2. 환노출위험을 구분하여 이들의 종류를 살펴보고 실례와 대처방안을 정리해 보았다.

3. 환노출별 위험관리를 정리해 보았다.

[참고문헌]

강호상, 『글로벌 금융시장』, 법문사, 2009.
이종철, 『글로벌 금융론』, 박영사, 2011.
임태순, 『경영학의 이해』, 한국학술정보(주), 2012.
______, 『재무관리의 이해(공저)』, 법문사, 2012.
______, 『재무관리』, 한국학술정보(주), 2011.
______, 『주식시장과 투자』, 한국학술정보(주), 2011.
______, 『글로벌경영』, 한국학술정보(주), 2011.
______, 『핵심재테크』, 이담북스, 2010.
______, 『금융시장』, 한국학술정보(주), 2010.
______, 『현대경영학의 개관(공저)』, 법문사, 2006.
조갑제, 『국제금융』, 두남, 2009.
최낙복, 『국제금융』, 두남, 2011.
매일경제신문, 2010년 9월 25일자 기사내용.

Part 4

국제차입과 국제은행

- 제9장 국제차입
- 제10장 국제은행

학습목표

1. 국제금융시장의 구조에 대한 이해의 폭을 넓히고 유로통화 및 유로예금 및 유로대출에 대하여 논의한다.
2. 거래 발생지에 비하여 거래의 표지통화, 거래자의 거주성, 국내 규제 등의 적용이 국내금융시장과 대비되는 국제금융시장에서의 국제차입에 대해 포괄적으로 논의한다.

제9장 국제차입

1. 국제금융시장

☞ 국내시장과 차별화되는 국제금융시장에 대한 이해를 높이고, 국제금융시장의 구조와 역할 등을 살펴보고, 국제금융시장의 중심적 인 역할을 수행하는 유로시장에 대하여 알아본다.

1.1. 국제금융시장의 의의

국제금융시장(international financial market)이란?

a. 국제금융시장이란 국제적인 금융거래가 이루어지는 물리적인 공간을 의미하지 않고 국제간에 이루어지는 자금거래의 집합을 통칭한다.

b. 국제금융시장을 통한 거래의 유형은 외환의 교환, 자금의 차입, 자본의 공여뿐만 아니라, 해외금융시장에 대한 투자 및 이들의

보조수단이 되는 파생상품까지 모두를 포함한다.

c. 국제금융거래를 국내금융거래와 구분하는 기준으로는 아래와 같은 세 가지를 들 수 있다.

① 거래 당사자의 거주성(residency)

금융거래의 일방 혹은 양방이 거래 발생지의 거주자가 아닌 경우에 국제금융거래로 구분한다.

② 거래의 통화표시(currency of denomination)

거래 발생지에 비추어 거래 발생지국의 통화가 아닌 다른 통화로 표시된 거래를 국제금융거래로 구분한다.

③ 거래에 적용되는 규제(**regulation**)

거래 발생지 국가의 규제가 적용되지 않는 경우에 국제금융거래로 구분한다.

d. 국제금융시장의 기능

① 국제대차결제기능

국제무역을 통한 재화 및 용역거래나 자본거래의 결과로 이미 발생한 채권 및 채무를 원활하게 결재하는 수단을 제공한다.

② 국제무역금융지원기능

국제간의 무역거래에 대한 수출입대금을 융자해 줌으로써 국제간에 교역을 촉진시키는 역할을 수행한다.

③ 기타의 지원기능

단기무역금융, 투자 및 시설금융, 국제유동성의 부족을 해결하여
주는 해결사 기능을 수행한다.

1.2. 국제금융시장의 구성

국제금융시장(international financial market)은 그 성격에 따라 외국
시장(foreign market), 유로시장(Euro-market), 외환시장, 그리고 파생
상품시장으로 구분할 수 있다.

① 외환시장(foreign exchange market)
외환시장에 관한 내용은 이미 학습한 내용으로 생략한다.

② 유로시장(Euro market)
유로시장은 역외시장(offshore market)으로 특정통화로 표시된 국가
를 벗어나서 이루어지는 거래로서 해당 통화 발행국의 법적인 규제
나 제재를 받지 않는 시장을 의미한다.

유로시장은 유로통화(eurocurrency)시장, 유로예금시장, 유로대출
(eurocredit)시장, 유로채(eurobond)시장 등으로 나뉘는데, 유로통화시
장과 유로채시장은 매우 발달된 시장으로, 거래의 규모도 매우 커다
란 시장이다.

유로시장의 발달동기로는 유로시장에서의 거래가 특정국가에 종
속되어 있지 않고, 정부의 각종 규제로부터 해방됨으로써 거래에 수
반되는 여러 가지 비용을 절감할 수 있다는 이점이 존재하기 때문에,

다국적기업이나 금융기관에 의한 거래가 주류를 형성한다.

③ 외국시장(foreign market)

특정한 국가의 국내금융시장에서 국적이 다른 비거주자가 그 국가의 거주자나 자본을 대상으로 금융거래를 하는 형태로서, 그 나라의 법적인 제재나 규제를 받는 시장을 말한다.

④ 파생상품시장(derivative market)

최근 급증되고 있는 파생상품시장은 위험관리를 위한 시장에서 출발하여 중요한 시장으로 자리매김을 하고 있다.

1.3. 국제금융센터

국제금융센터(IFC: International Financial Center)는 국제금융활동이 활발하게 이루어지고 있는 지정학적인 개념의 장소를 말한다.

1) 국제금융센터의 구분

① 세계적인 국제금융센터

세계적인 국제금융센터는 런던, 뉴욕, 도쿄 등을 꼽는다.

② 지역 내의 국제금융센터

세계적인 국제금융센터만큼의 규모는 아니지만, 지역 내의 국제금융센터로 역할을 수행하는 곳으로 홍콩, 싱가포르, 파리, 취리히, 암스테르담 등을 꼽는다.

2) 국제금융센터의 기능

① 국내의 투자자를 국내의 차입자에게 연결시켜 주는 기능
② 외국의 투자자를 국내의 차입자에게 또는 국내의 투자자를 외국의 차입자에게 연결시켜 주는 기능
③ 외국의 투자자를 다른 외국의 차입자에게 연결시켜 주는 기능

1.4. 역외금융센터

역외시장(offshore market)은 거주민이 아닌 외국인들 사이에서 금융거래가 이루어지는 시장을 의미하고, 역외금융의 중심이 되는 금융시장들을 역외금융센터(offshore financial center)라고 한다.

1) 역외금융센터의 특징

① 역외금융센터에서는 외국 또는 역외화폐가 거래된다.
② 국내법이 적용되지 않기 때문에, 세금 및 외환관리의 관점에서 특혜가 주어진다.
③ 주요 고객은 국내에 거주하지 않는 비거주인이다.

2) 경제적 효과

① 역외금융센터는 자본시장의 발달을 촉진하여, 지역경제의 발전 및 관련 분야(은행, 법률, 고용 등)의 선진화를 촉진한다.
② 호텔 및 통신과 같은 주변산업에 많은 파급효과를 가져올 뿐만 아니라, 주재국정부의 조세수입증대에 기여한다.

③ 국내경제를 국제화시켜 주는 데 기여한다.

2. 유로통화 및 유로예금

☞ 유로통화시장과 유로예금에 대하여 살펴본다.

2.1. 유로통화시장

1) 의의

유로통화(Euro currency)란 통화를 발행한 이외의 지역 금융기관에 어떤 통화가 예금되어 거래되는 것을 의미한다. 이때에 거래되는 통화의 표시통화가 달러이면 유로달러, 엔화이면 유로엔이라고 칭한다.

주의: 유로달러란 유럽에 예치된 달러만을 의미한다. (T, F)

따라서 유로통화시장이란, 유로통화로 표시된 예금이나 대출 등 금융거래가 이루어지는 시장을 지칭한다.

2) 발전

역사적으로 보면, 1940년대 미국과 소련을 중심으로 양극체제가 진행되는 동안 소련을 중심으로 한 공산권 국가들이 미국 정부의 적대적 자산에 대한 동결조치로부터 자신들의 달러예금을 보호하고자 자신들이 소요했던 달러예금을 유럽 소재의 은행으로 옮기면서부터 시작되었다.

2.2. 유로예금

1) 종류

유로예금의 종류는 콜예금, 정기예금, 양도성예금증서 등 형태로 나뉜다.

a. 콜예금: 언제든지 인출 가능한 초단기적인 예치형태
b. 유로정기예금: 주로 변동금리를 적용
c. 유로양도성예금증서(유로CD): 금리의 적용(고정 혹은 변동금리), 만기, 발행금액 등이 표시되며, 은행이 발행(primary market)하고 유통시장(secondary market)에서 거래된다.

2) 성격

자국 내의 예금과 다른 특성으로는
a. 유로달러예금의 채무는 유로달러예금을 수취한 국가의 채무이다. 즉 유로달러예금의 채무는 미국이 아니다.
b. 유로달러예금은 지급수단으로 사용할 수 없다. 즉 미국적인 개념하의 수표(check) 발행을 할 수 없다.

3. 유로대출

3.1. 1시장의 의의

유로대출시장은 유로 크레디트(Euro credit)시장이라고도 하며 원천은 유러달러예금이다. 주요 고객으로는 다국적기업이 주 고객이지만, 거대한 프로젝트와 연관되어 각국의 정부와 공공기관 등이다.

유로대출은 3개월, 6개월 만기 정기예금에 대한 가산금리로 LIBOR(London Interbank Offered Rate)를 적용함으로써 운영되는데 이는, 급격한 금리변동의 위험으로부터 회피할 수 있다.

☞ 함께 생각하기
국내 생보사들의 역마진 사례

유로대출금리는 국내금리보다 저렴하고 안정적인 경우가 많은데, 이는 유로시장이 각종 규제로부터 자유롭기 때문에 경쟁력을 확보할 수 있고, 국내금융기관의 관행인 담보설정 등을 요구하지 않기 때문에 발생하는 추가적인 비용을 절감할 수 있다.

3.2. 유로대출의 형태

a. 크레디트라인 방식
은행이 설정한 신용한도(credit line) 내에서 차입하는 형태로서 주로 단기거래에 이용된다.

b. 대출회전방식

단기보다는 중기 대출에서 사용되는데, 단기의 대출을 중기의 대출로 회전시키기로 약정된 방식을 말한다.

c. 기간대출방식

기업에 대한 장기대출의 대표적인 방식으로 차입계약의 체결 이후 차입자가 특정기간 이내에 자금을 인출하고 약정에 따라서 상환하는 방식을 말한다.

존 템플턴 vs. 워런 버핏 vs. 피터 린치

'월街 전설'의 폭락장 투자레슨[12]

세계 증시는 1929~1932년 세계 대공황을 연상케 한다. 2년 10개월 간 지속된 대공황시절 미국 S&P(스탠더드앤드푸어스) 500지수는 80% 이상 급락했다. 지난주 미 다우지수는 하루에만 수백 포인트씩 급락, 4년 만에 1만 선이 붕괴되며 지난해 10월 고점 대비 40%가량 하락했다. 중국은 1년 만에, 러시아는 불과 5개월 만에 고점 대비

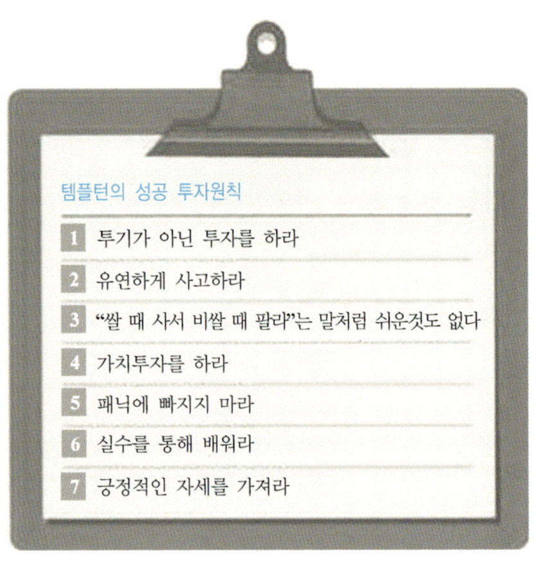

---

12) 출처: 한국경제신문, 2008년 10월 13일자 기사내용 발췌.

60% 넘게 추락했다. 이들 국가뿐 아니다. 한국, 일본, 대만, 인도, 독일, 프랑스, 브라질 할 것 없이 지구를 돌아가며 전 세계 주식시장이 '패닉'의 공포로 떨어야 했다.

'가치투자의 아버지' 존 템플턴 "모두가 낙담할 때 사야 큰 보상 따른다"

미국 증시는 대공황 외에도 2차 세계대전(1930년대), 1차 오일쇼크 (1970년대), 블랙먼데이(1987), 롱텀캐피털매니지먼트사태(1998), IT(정보기술)버블 붕괴(2000) 등에 이르기까지 수차례 위기를 겪어 왔다. 난세에 영웅이 나타난다고 했던가. 이처럼 시장이 요동치고 난 후에는 위기를 기회로 삼은 투자의 대가들이 등장해 주목을 끌기도 했다

1920년대 청년 존 템플턴은 1939년 제2차 세계대전을 기회로 활용했다. 세계전쟁이 터졌다는 소식을 듣고는 1달러 이하로 거래되는 모든 종목을 100달러어치씩 사들였다. 직장 상사로부터 돈을 빌려 104개 종목에 1만 달러를 투자했다. 전쟁이 엄청난 수요를 창출해 불황해 빠진 미국 경제를 건져 낼 수 있을 것이라는 확신이 들었기 때문이다. 4년 뒤 그가 산 주식 가치는 4배로 불어났고 그는 이 자금으로 세계적인 투자회사인 템플턴의 모태가 된 투자자문사를 설립했다. 템플턴은 "다른 사람들이 낙담해서 주식을 팔 때 사고, 다른 사람들이 탐욕스럽게 주식을 사기 위해 달려들 때 팔아야 뒷날 큰 보상이 뒤따른다"고 했다. 그는 "주식을 팔아야 할 때는 대폭락이 있기 이전이지 그다음이 아니다"라며 "패닉에 빠지지 말 것"을 주문했다.

오마하의 현인 워런 버핏은 '좋은 기업의 가치가 크게 하락할 때 매수해 시장에서 제값을 받을 때까지 기다린다'는 아주 간단한 원칙을 꾸준히 지켜 왔다. 1990년대 후반 IT버블을 타고 1년 만에 주가가 10배나 뛰는 상황에서 그는 실리콘밸리의 주식을 거들떠보지도 않았다.

월가의 거의 모든 투자전략가와 분석가들은 이런 버핏을 시대의 변화를 읽지 못하는 완고한 투자자로 취급했지만 얼마 지나지 않아 IT버블이 꺼지면서 결국 버핏이 맞았다는 것이 입증됐다.

이에 앞서 버핏은 1973년 1차 오일쇼크와 1987년의 블랙먼데이(10월 19일 22% 폭락)를 거치면서 과감한 투자로 세간의 주목을 받았다. 1972년 활황장에서 투자를 중단한 버핏은 1973년 시장이 폭락하자 워싱턴포스트 주식 170만 주를 1,100만 달러에 사 모아 지난해 말 14억 달러로 117배나 불렸다. 또 블랙먼데이 직후인 1988년부터 1994년까지 7년간 사들인 코카콜라 주식의 가치는 13억 달러에서 지난해 말 120억 달러로 늘어났다.

'마젤란 펀드의 신화' 피터 린치 "대중과 함께 가지 않는, 역발상 투자가 해답이다"

피터 린치는 월스트리트 역사상 가장 성공한 펀드매니저이자 마젤란펀드를 세계 최대 뮤추얼펀드로 키워 낸 '월가의 영웅'이란 찬사를 받고 있다. 1977년 마젤란펀드의 운용을 처음으로 맡은 그는 1982년 경기침체로 자동차 판매가 급감하고 시장이 곤두박질치는 가운데 크  라이슬러 주식을 사 모으기 시작했다. 이 주식은 파산 가능성까지 제기되면서 주당 2달러에 거래되고 있었다. 전문가들은 린치를 '미쳤다'고 몰아세웠지만 그는 '누구에게나 죽음이 찾아온다는 것과 같이 확실한 명제는 바로 미국인들이 자동차를 사야 한다는 것'이라고 생각했다. 1981년 1억 달러였던 펀드 자산은 펀드 내 가장 많은 비중을 차지한 크라이슬러 덕분에 1983년 말 16억 달러로 불어났다. 린치 역시 대중과 따로 가는 '역발상 투자'를 한 셈이다.

전문가들은 남들이 다 하는 대로 하면 절대로 돈을 벌 수 없다고 얘기한다. 정영완 삼성증권 투자전략담당은 "역사적으로 보면 대공황 이후 미국 시장에서 '절대 투자를 하면 안 되는 이유'는 늘 있어 왔다"며 "위기를 기회로 생각하고 투자하기 위해서는 대단한 용기와 배짱이 필요하다"고 말했다. 이상건 미래에셋투자교육연구소 이사는 "자본주의 200년 역사 중 가장 참혹한 시기의 주가 조정기도 3년을 넘지 않았다는 걸 곰곰이 곱씹어 볼 필요가 있다"고 말했다.

이에 앞서 자신이 주식 투자에 적합한가를 우선 따져 봐야 한다는

지적이다. 정의석 굿모닝신한증권 투자전략부장은 "주식과 자신과의
궁합부터 맞춰 보라"며 "시세 변동을 견딜 수 없는 사람은 투자를 안
하는 게 맞다"고 주장했다. 그는 "지금은 상당히 고통스러운 시간이
될 수 있다"며 "인내와 시간에 대한 투자가 가능한 사람에게만 기회
일 수 있다"고 덧붙였다.

[요점정리]

1. 국제금융시장에 대하여 살펴보았다.

2. 유로 통화 및 유로예금에 대하여 알아보았다.

3. 유로대출에 대하여 정리해 보았다.

[참고문헌]

강호상, 『글로벌 금융시장』, 법문사, 2009.
이종철, 『글로벌 금융론』, 박영사, 2011.
임태순, 『경영학의 이해』, 한국학술정보(주), 2012.
______, 『재무관리의 이해(공저)』, 법문사, 2012.
______, 『재무관리』, 한국학술정보(주), 2011.
______, 『주식시장과 투자』, 한국학술정보(주), 2011.
______, 『글로벌경영』, 한국학술정보(주), 2011.
______, 『핵심재테크』, 이담북스, 2010.
______, 『금융시장』, 한국학술정보(주), 2010.
______, 『현대경영학의 개관(공저)』, 법문사, 2006.
조갑제, 『국제금융』, 두남, 2009.
최낙복, 『국제금융』, 두남, 2011.
한국경제신문, 2008년 10월 13일자 기사내용 발췌(이미지 포함).

■ ▨ ▨

학습목표

1. 국제은행의 발달과 구조에 대한 이해의 폭을 넓히고 무역금융활동에 대하여 논의한다.
2. 국제대출업무에 대하여 알아보고 국제은행감독에 대해 포괄적으로 논의한다.

■ ▨ ▨

제10장 국제은행

1. 국제은행의 발달 및 구조

☞ 국제금융시장에서 가장 오랜 역사와 전통을 가지고 있는 국제은행의 발달과 구조에 대하여 알아본다.

1.1. 국제은행의 발달사

초기의 국제은행은 화폐를 서로 교환해 주는 업무와, 무역업에 종사하는 상인들에게 금화를 제공해 주는 업무, 즉 오늘날의 외환업무에 해당하는 업무를 취급하는 머천트은행을 초기형태의 국제은행으로 볼 수 있다.

1) 초기의 머천트은행

a. 12세기 후반에서 13세기에는 시대적인 사건으로 로마제국의 붕괴가 있었고, 인구가 증가하고 부유한 상인계급이 등장하기 시작하였

으며, 이탈리아를 중심으로 머천트은행가(merchant banking house)가 나타나기 시작

b. 14세기에는 머천트은행가들이 커져서 대규모의 머천트은행으로 성장하여 수출입과 외환거래에 적극적으로 참여하였을 뿐만 아니라, 황족이나 교황청에 융자를 제공하기도 하였고, 유럽 각지에 지점을 운영할 정도로 성장

c. 16세기에는 독일과 프랑스에 대규모 머천트 뱅킹상사 등이 출현하여 상품의 거래 및 무역어음의 인수업무, 단기융자업무까지 수행하는 대규모의 금융시장으로 발전

d. 18세기에는 유럽금융의 중심지가 이탈리아에서 프랑스의 파리와 영국의 런던으로 자리매김

2) 19세기의 국제금융

a. 19세기의 특징은 영국의 런던이 국제금융시장의 중심으로 자리를 잡게 되는 시기였는데, 이러한 과정은 오랫동안의 나폴레옹 전쟁으로 인한 피난처(safe heaven)로서 영국을 유일한 안전지역으로 인식하기 시작한 데 기인된다. 영국은 당시 세계 제일의 금융센터로서 부각되면서 전쟁으로 인한 복구에 필요한 전후 유럽 재건을 위한 재원 확보에 가장 중요한 역할을 담당하였다.

b. 19세기 후반에는 여러 은행들이 모여 주주가 되는 컨소시엄은행(consortium bank)이 설립되기도 하였으며, 이들은 유럽에서 공동으로 자금을 조달하여 대형프로젝트 등에 금융을 제공하는 오늘날의 프로젝트 파이낸싱(project financing)과 같은 업무도 성사시켰다.

c. 이 시기의 통화제도인 금본위제도가 무역거래와 금융의 확대로 인하여 서서히 위협받기 시작하였으며, 각 나라 중앙은행들이 자국의 주화와 보유금괴를 보호함으로써 자국통화의 태환성을 보증하는 데 역점을 두었다.

3) 20세기 초의 국제은행

a. 20세기 초의 국제금융은 제1차 세계대전을 기점으로 나누어서 생각해 볼 수 있다. 19세기의 산업혁명을 주도하며 경제력을 축적할 수 있던 영국, 프랑스, 독일을 중심으로 한 국가들이 국제금융의 중요한 역할을 수행하였으며, 당시의 금융은 '식민주의적' 성격을 띠는 금융으로 대부분이 자금공여에 의한 자국의 정치 및 경제적인 입지 강화용으로 사용되었다.

b. 제1차 세계대전 이후의 특징은 유럽 국가들의 경제력이 급속히 쇠퇴한 반면, 미국은 재정 및 산업 측면에서 급속히 부상하면서 세계 금융의 중심이 런던에서 미국의 뉴욕으로 이동을 한 사실이다.

1920년대는 결국, 미국에서 발행된 외국 정부채의 규모가 영국에서 발행된 외국정부채의 규모를 능가하게 되었으며, 달러화가 기축통화로 자연스레 자리를 잡게 되는 시기이다.

c. 대규모 미국은행들의 해외직접진출이 진행되었고, 미국기업의 해외직접투자의 규모가 확대됨에 따라 남미 전역에 미국은행들의 해외지점 설립이 가속화되었다.

d. 1930년대 대공황으로 국제무역과 국제금융의 붕괴를 초래하였고, 1960년대 들어서 비로소 유로달러와 유로채시장이 형성되기 시작하면서 새로운 발전을 모색하게 된다.

4) 현대적 국제은행업무의 발달

a. 1960년대 유로통화 및 유로채시장의 발달과 더불어 국제금융업무는 다시 활기를 찾게 되었으며, 국제 컨소시엄은행이 설립되기도 하였다.

b. 1970년대 초반에는 '유로크레디트시장'이 발달함으로써 국제금융의 새로운 활력소 역할을 수행하였으며, 1980년 후반부터 촉발된 정보화의 혁명은 투기자본의 신속한 이동, 유럽의 통화 단일화 등에 힘입어 새로운 국제금융의 시대를 맞이하고 있다. 새로운 파생상품의 개발과 세계화(globalization), 증권화(securitization), 직접금융(direct financing), 업무장벽의 붕괴 등 나날이 다르게 변모하는 가속화를 맞이하고 있다.

1.2. 국제은행구조

1) 국제은행

a. 개념: 국제금융센터에서 금융중개기관으로서의 역할을 수행하는 금융기관을 국제은행이라고 한다.

b. 운영형태: 대표사무소, 에이전시, 지점, 현지법인, 제휴회사, 컨소시엄은행, 코레스은행 등의 형태

2) 대표사무소(representative offices)

대표사무소는 소수의 직원이 특정은행을 대표할 수 있도록 설치한 해외사무소로서 저비용으로 해외의 사업기회 포착에 적당한 형태이다. 즉 국제금융전략상 해외시장을 개척하는 전초기지 역할을 수행하기에 주재국의 업무관계정보 수집 등이 이들의 주 업무이며, 일반적인 은행업무를 수행하지는 않는다.

3) 에이전시(agency)

국제은행의 에이전시는 대표사무소와 지점의 중간에 해당하는 형태라고 볼 수 있으며, 예금을 권유하거나 인수할 수는 없지만, 진출해 있는 기업들의 상거래에 관한 국제은행업무를 수행한다.

4) 지점(branch)

주재국 내에서 주재국의 금융에 대한 법적인 규정이나 요건에 따

라 모든 국내 및 구체적인 금융활동을 수행한다. 지점은 법적인 의미
에서 별도의 실체가 아니므로 모은행을 포함한 은행 전체가 주재국
의 법률에 따라 책임을 부담하게 된다.

5) 현지법인은행(subsidiaries)

주재국의 법률에 의거하여 설립한 독립된 법인조직으로 지점과 달
리, 독립적으로 주식을 발행할 수 있다.

6) 제휴은행(affiliates)

외국은행이 소수의 지분만을 보유하고 있는 현지은행(local bank)을
말한다.

7) 컨소시엄은행(consortium)

상이한 국적을 가진 둘 이상의 은행이 주주가 되어 별도로 설립한
합작투자은행을 말한다.

8) 코레스은행(correspondent bank)

특정거래를 처리함에 있어 코레스계약에 따라 관련 은행의 대리역
할을 수행하는 외국의 현지은행을 말한다.

2. 무역금융활동, 국제대출업무

☞ 무역금융활동, 국제대출업무에 대하여 살펴본다.

2.1. 무역금융활동

1) 의의

무역금융업무는 국제은행이 탄생하게 된 배경을 제공한 업무로서 최근 들어서는 국제간의 교역 발달과 경제가 서로 긴밀해짐에 따라서 무역금융의 유형도 점차 복잡해지고 다양하게 발전하고 있다. 최근 들어서는 전통적인 무역금융활동 외에도 신용공여에 따른 무역금융의 증권화, 무역어음의 유통, 리스 등 새로운 영역이 취급되고 또한 개발되고 있다.

2) 무역신용업무

국제무역거래에서 발생되는 문제로, 계약의 미이행위험(risk of noncompletion)에 대한 보완책으로 물품에 대한 대금을 지급받거나, 적어도 대금지급을 확신하기 전까지 상품에 대한 소유권을 유지하기 위한, 고객의 욕구를 충족시키기 위한 상품으로 무역신용업무는 출발하게 된다. 따라서 은행은 지급을 보증하는 약속(신용장: letter of credit)을 하게 되고, 수출상은 수입상의 국가로 물건을 선적한 후 환어음(draft)을 발행하고 상품의 소유권을 나타내는 선하증권(bill of lading)을 은행에 제시함으로써 대금을 수취하는 일련의 과정이 무역신용업무이다.

3) 환어음

환어음(draft, B/E: Bill of Exchange)은 수출상이 수입상에 대하여 일정한 시점에 일정한 금액을 어음의 소지자에게 지급할 것을 요구하는 증권을 말한다. 환어음에는 대금을 즉시 지급하는 사이트환어음(sight draft)과 일정기간 대금지급의 연기가 허용된 유전스환어음(usance draft)이 있다.

4) 선하증권

선하증권(B/L: Bill of Lading)은 상품운송을 맡은 선박회사가 발행하는 서류로 선박회사가 수출상으로부터 위탁받은 물품을 운송하여 수입업자에게 인수할 것을 약속하는 증서이다.

5) 포페이팅

포페이팅(forfaiting)은 수입상으로부터 받은 약속어음을 현금을 목적으로 금융기관에 고정금리로 할인된 가격에 판매하는 것을 의미한다.

6) 국제리스업

운영리스－대여업자가 유지, 보수를 책임짐, 높은 리스 비용
금융리스－유지, 보수의 책임은 리스하는 사람에게

7) 팩터링

팩터링(factoring)은 외상매출금 계정을 제3자에게 매도하거나 그 소유권을 이양하는 단기금융기법이다.

2.2. 국제대출업무

국제대출업무는 외국의 차입자에게 자금을 대출하는 것으로 국내 금융시장의 다양성으로 인하여 새로운 접근이 요구되는데 그중에서 핵심이 되는 것이 대출마케팅과 신용분석이다.

1) 대출마케팅

국제대출업무의 경우, 과거에는 불완전시장으로 인하여 대출조건을 대출은행이 일방적으로 결정하고 차입자들이 이를 수용하는 '대출자지배시장(lender's market)'에서 점차로 은행들의 치열한 경쟁환경으로 말미암아 '차입자지배시장(borrower's market)'으로 변모함에 따라 이윤이 급격하게 침식당하게 됨으로써 타 금융상품과 비교하여 경쟁력을 가지는 차별화된 상품을 개발하게 되고 심화된 경쟁환경을 극복하고자 마케팅 활동에 주력하는 양상을 나타나게 되었다.

이와 같이 은행들의 해외시장을 개척하기 위한 절차로서, 은행들은

① 시장구조 및 고객에 대한 핵심정보 수집

현지 금융시장의 경제성, 현지시장의 세분화(market segmentation), 시장의 포지셔닝(positioning) 파악, 서비스 분석 등

② 현지시장에서 수행 가능한 대안들의 모색

시장정보의 데이터베이스화, 설문조사, 조사연구

③ 기획절차의 구체적 시행

지역시장에 맞는 활동과 구체적인 시행

등과 같은 세 가지 요소를 강화하여 은행의 전반적인 마케팅 능력을 높이려는 일련의 노력을 경주하고 있다.

2) 대출신용분석

대출손실이 수반되는 채무불이행 위험을 축소하기 위한 방편으로 요구되는 대출신용분석은 은행의 지역별 사업부 단위로 조직된 신용분석과 여신 관리 담당자들에 의하여 연속적으로 행하여지는 업무이다. 특히 해외의 신용분석에 있어서 중요한 부분을 차지하는 것이 국가위험(country risk)분석이다. 국가위험분석은 정치적 위험(국유화, 법적 규제, 자산동결 등)과 재정적 위험(통화평가절하, 통화의 교환금지, 외채재조정 등)으로 나뉜다.

3. 국제은행감독

3.1. 은행감독에 관한 국제적 협력

국제금융활동에 대한 감독을 위한 국제간의 협력은 1960년대부터 거론되기 시작되어 마침내 선진국의 10개국, 소위 G-10국가들(Group of 10 countries: 벨기에, 캐나다, 프랑스, 독일, 이탈리아, 일본, 네덜란드, 스웨덴, 영국, 미국)과 스위스 등 11개국의 중앙은행장들이 스위스의 바젤에 소재하는 국제결제은행(BIS)에 모여 통화 및 경제문제에 관한 월례협의회를 결성하였다. 그 후 1974년 9월 G-10국가와 스위스와 룩셈부르크 등 12개국의 중앙은행장들의 협의 결과 국제금

융활동의 규제가 필요하다는 의견을 제시하고 은행감독체계를 재정
비하며, 은행감독기관 상호 간의 협력을 증진한다는 의견을 제시하였
는데 이것이 바젤위원회이다.

1975년 바젤위원회는 협약에 포함하는 주요 지침을 정하였고, 후
일 1983년 5월에 외국기관도 감독의 대상이 되어야 하며, 각 은행의
국제금융활동은 통합적 회계방식에 따라 감독되고 규제되어야 한다
는 새로운 개정안을 발표하게 된다.

은행감독에 관한 국제협력은 여러 가지 복잡성으로 인하여 앞으로
도 협의와 보완이 요구되는 문제들을 안고 있는 실정이다.

3.2. BIS

국제결제은행(BIS: Bank for International Settlement)은 여러 국가의
공동출자에 의해 스위스의 바젤에 설립된 국제은행이다. 국제결제은
행은 국제금융시장에서 경쟁조건의 공정성과 신용질서 유지 및 은행
경영의 안정성 확보를 위한 조치로 국제결재은행의 은행규제감독위
원회(바젤위원회)에서 1988년 7월 자기자본 측정과 기준에 관한 국제
적 합의를 도출하게 된다. 합의의 목적은 상업은행의 신용리스크를
효율적으로 관리하고 국제적인 은행시스템의 건전성과 안정성 제고
를 유지함이다.

1) BIS 규제의 특징

BIS의 자기자본 규제에 대한 합의는 각국에 따라 다르게 존재하는
회계제도, 세제 및 금융의 관행을 극복하여 국제은행시스템의 건전성

유지 확보를 위한 제도란 특징을 가지고 있다.

2) BIS 규제의 내용

자산별 신용위험을 감안하여 산출한 위험가중자산에 대한 자기자본 비율이 8% 이상이 될 것을 규정하고 있다.

$$\text{즉, 자기자본 비율} = \frac{\text{자기자본}}{\text{위험가중자산}}$$

3) BIS 규제의 문제점

1. 위험가중치 체계의 일관성이 결여되어 있다.
2. 담보 및 보증의 효과가 고려되지 않고 있다.
3. 은행보유자산에 대해 각각 위험가중치를 정하는 것이 어렵다.
4. 은행의 경쟁력이 자본규모보다 각국의 경제제도 및 기타의 여러 변수(예를 들면 예금보험)들에 의해 영향받는데 BIS로 단순 비교하는 것은 무리가 있다.

세계 주요 금융기관의 판도 변화

글로벌 금융위기(2008년 말)는 세계 주요 금융기관의 판도를 바꿔 놓는 계기가 되었다. 1999년과 비교하여 2009년에는 중국은행의 선전이 확연하게 드러나고 있다. 특히 국가별 시가총액의 관점에서 미국 은행의 축소된 몸집과 상반되게 몸집이 불어난 중국과 캐나다 은행의 모습을 비교할 수 있다.[13]

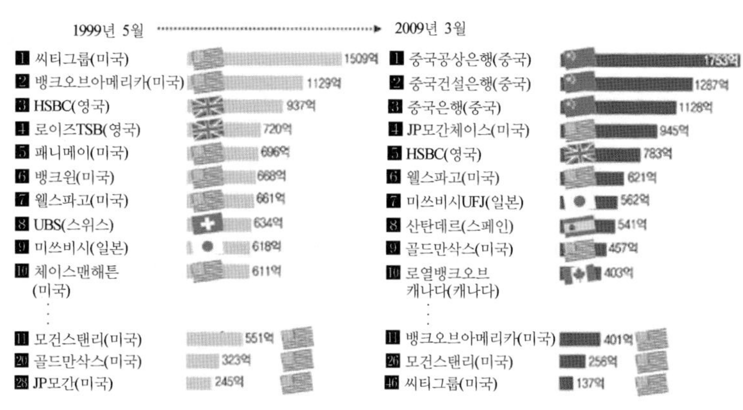

세계 주요 금융기관 시가총액 순위변화(단위: 달러)

---

13) 출처: '글로벌 금융위기 이후 글로벌 금융권력 교체', 동아일보, 2009년 3월 24일자.

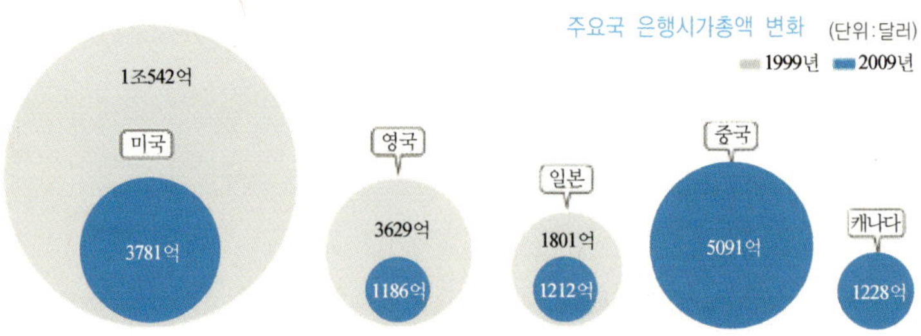

[요점정리]

1. 국제은행의 발달과 구조에 대하여 살펴보았다.

2. 무역금융활동과 국제대출업무에 대하여 알아보았다.

3. 국제은행감독에 대하여 정리해 보았다.

[참고문헌]

강호상, 『글로벌 금융시장』, 법문사, 2009.
이종철, 『글로벌 금융론』, 박영사, 2011.
임태순, 『경영학의 이해』, 한국학술정보(주), 2012.
______, 『재무관리의 이해(공저)』, 법문사, 2012.
______, 『재무관리』, 한국학술정보(주), 2011.
______, 『주식시장과 투자』, 한국학술정보(주), 2011.
______, 『글로벌경영』, 한국학술정보(주), 2011.
______, 『핵심재테크』, 이담북스, 2010.
______, 『금융시장』, 한국학술정보(주), 2010.
______, 『현대경영학의 개관(공저)』, 법문사, 2006.

조갑제, 『국제금융』, 두남, 2009.
최낙복, 『국제금융』, 두남, 2011.
출처: 동아일보, 2009년 3월 24일자 기사내용(이미지 포함), '글로벌 금융위기
　　　이후 글로벌 금융권력 교체.'

Part 5

국제투자

- ■ 제11장 국제채권 및 주식투자
- ■ 제12장 해외직접투자

학습목표

1. 국제투자로서 국제채권시장에 대하여 살펴본다. 국제채권시장의 의의, 유로채권투자, 그리고 세계 주요 채권시장에 대하여 알아본다.
2. 국제주식시장에 대한 논의로서 국제주식투자의 의의, 해외주식투자수단, 세계 주요 주식시장에 대하여 포괄적으로 논의한다.
3. 국제분산투자에 대해 알아보고, 국제투자의 유의사항 등에 대해 학습한다.

제11장 국제채권 및 주식투자

1. 국제채권시장

☞ 채권시장의 의의에 대하여 살펴보고, 유로채권투자와 외국채권
투자를 분리하여 알아본다. 그리고 세계의 채권시장에 대하여 미국과
일본, 그리고 스위스 등과 같은 기타 나라를 중심으로 알아본다.

1.1. 국제채권시장의 의의

1) 국제채권시장(international debt market)이란 외국채권(foreign bond)
과 유로채권(Euro bond)과 같은 국제채권(international bond)이 거래되는
시장을 의미하며, 주요한 채권시장으로는 미국, 일본, 스위스 등을 들
수 있다.

개념정리

외국채권: 외국인이 특정국가의 국내자본시장에서 그 나라의 통화

로 발행하고 판매한 채권

  예) 한국기업이 미국에서 달러로 발행하여 미국투자자에게 판매하는
     채권

유로채권: 채권의 발행목적이 자국의 표시통화로 하되 외국에서
거래될 목적으로 발행되는 채권

  예) 미국기업이 달러로 채권을 발행하되 미국이 아닌 다른 지역에서
     이 채권을 발행, 매각하는 경우

2) 외국채와 유로채의 비교

〈표 11-1〉 외국채와 유로채 비교

구분	외국채	유로채
제도적인 규제	표시통화국 내에서 모집되고 판매되므로 해당 국가 자본시장의 규제에 대한 적용대상이 되기 때문에 비교적 엄격하게 통제된다.	표시통화국 이외의 지역에서 모집되고, 판매되므로 발행허가 및 감독뿐만 아니라 신용등급평가와 관계된 모든 절차 등이 비교적 자유롭게 발행된다.
시장형성자	표시통화국 내의 금융기관이나 증권회사가 인수단으로 참여	여러 나라의 국제적인 인수단이 참여
투자자	기관투자자의 비중이 큼.	개인투자자의 비중이 큼.

1.2. 유로채권투자

1) 유로채권투자의 의의

a. 개념: 유로채권은 통화를 표시하는 나라가 아닌 다른 나라에서 다
국적 투자자들을 대상으로 발행되는 채권으로 주로 유로채라고 한다.

b. 주요 발행자: 미국 이외의 국가에서 달러자금을 조달하려는 미
국기업 또는 달러로 자본을 조달하여 통화스왑을 통하여 결제통화를

준비하는 다국적기업 및 각국정부나 국제기구 등

　c. 발전: 1960년대 초 런던에서 형성되기 시작하여 전 유럽 및 다른 지역으로 확산되었으며 통화스왑에 힘입어 1980년대에는 전성기를 맞이함.

　d. 특징: 유로채는 대부분 등록채(registered bond)가 아닌 소유채(bearer bond)이기 때문에 투자자의 익명이 보장되고, 투자자의 입장에서 본국 정부에 신고하지 않으면 이자소득에 대해 세금을 내지 않는 경우가 많아 투자자들을 유혹하는 특징이 있다.

2) 유로채의 발행시장 및 유통시장

　a. 발행시장: 대부분의 유로채는 사모(private placement)로 발행되고, 신용도가 높은 정부차입이나, 세계은행과 같이 신용도가 높은 국제기구가 발행자가 되는 경우는 공모(public offering)되는 경우도 있다.

　b. 유통시장: 주로, 최초 발행 이후 개인 및 기관투자자에 의해서 만기까지 보유되나 지명도가 높은 차입자가 대량으로 발행한 유로채는 유통시장에서 활발하게 거래된다. 유통시장의 거래를 원활하게 하는 역할은 단순히 수수료(commission)에 의존하는 브로커(broker)와 자기 포지션을 가지고 적극적으로 시장에 개입해서 매매차익(spread)을 원하는 시장조성자(market maker)가 담당하게 된다.

3) 유로채의 결재

유로채의 결재는 주로 유로클리어(euroclear)와 CEDEL이 담당한다.

〈표 11-2〉 유로채의 결재

구분	유로클리어	CEDEL
설립	1968년 Morgan Guaranty Trust Company에 의해 설립된 영리조직으로 브뤼셀에 본부	1971년 유럽 주요 은행의 공동출자에 의한 비영리조직으로 룩셈부르크에 본부
회원	50여 개국에서 1,300여 개의 금융기관이 가입	98개에 달하는 주요한 유럽은행이 주도
역할	현재 전체 유로거래의 2/3를 처리	

4) 유로채의 형태

a. 일반유로채: 주로 연(年) 단위의 이자를 고정금리(Fixed Rate Note)로 지급하는 중장기적인 만기를 가지는 유로채

b. 변동금리채: 일반유로채와 달리 이자율이 고정금리가 아니고 변동금리(FRN: Floating Rate Note)가 적용되는 채권으로 주로 LOBOR 금리에 가산금리를 더하는 방식을 취해 LIBOR에 연동된다는 점에서 일반유로채와 구분된다. FRN은 투자자의 입장에서 시장금리를 반영한 수익률을 보장받을 수 있고, 발행자의 입장에서도 금리 변동에 따른 위험을 회피할 수 있는 장점이 있다.

1.3. 외국채권투자

1) 외국채권의 의의

외국채권이란 외국인이 특정국가의 국내자본시장에서 그 나라의 통화로 채권이 발행하고 판매하는 채권을 의미하며, 외국채권은 주로 미국의 채권시장에서 활발하게 발행되고 유통되는데 이러한 이유는 미국의 채권시장에서 채권을 통한 자금조달을 함으로써 발행기업은 국제금융시장에서의 자신의 기업인지도 제고에 기여하는 장점을 가

지고 있기 때문이다.

2) 종류

a. 양키본드(Yankee bond): 외국인이 미국에서 발행하는 달러표시 채권

b. 불독본드(bulldog bond): 외국인이 영국채권시장에서 발행하는 채권

c. 렘브란트본드(rembrandt bond): 네덜란드의 경우

d. 사무라이본드(samurai bond): 일본의 경우

cf) 쇼군본드(shogun bond): 외국인이 일본 내에서 엔화표시 이외의 채권

e. 아리랑본드(Arirang bond): 한국의 경우

1.4. 주요 채권시장

주요 채권시장은 미국과 일본, 그리고 스위스와 영국과 독일 시장을 들 수 있다. 미국채권시장은 세계에서 가장 커다란 규모를 유지하는 시장인데, 이러한 이유를 살펴보면, 미국채권시장에서 채권을 발행하기가 까다롭기 때문에 발행기업의 입장에서는 자신의 기업신인도 제고에 도움이 되고, 발행규모가 커도 시장에서 소화가 가능하기 때문에 대규모의 장기자본조달에 유리하고, 발행에 따른 수수료가 매우 경쟁적이란 장점이 있기 때문이다.

2. 국제주식시장

☞ 국제주식시장의 의의와 컨트리 펀드(country fund), 글로벌 펀드

(global fund)에 대해 살펴보고 세계 주요 주식시장에 대하여 알아본다.

2.1. 국제주식투자의 의의

세계의 주식시장은 각국의 거래소를 중심으로 발달되어 왔으며, 1980년대 후반 들어서 국제 주식거래는 양적뿐만 아니라 질적으로도 급격한 발전을 가져왔다. 이러한 발전의 배경에는 첫째, 세계금융시장의 개방화에 따른 세계화의 추세로서 각국에서 그동안 지속되어 오던 각종 금융규제를 완화시킨 영향을 들 수 있다. 둘째는 1987년 10월 19일(월요일)에 발생된 미국증시의 대폭락 사태를 들 수 있다. black monday라고 명명된 미국증시의 대폭락은 세계 각국의 투자자들이 미국 중심의 투자에서 자신의 위험을 회피하려는 성향을 일깨워 주었고 급기야 국제주식투자를 위하여 해외로 진출하는 기회를 제공하게 되어 급기야 국제분산투자(international portfolio investment)의 중요성을 새삼 인식하게 되었다.

2.2. 국제주식시장의 규모

a. 세계의 주식시장을 세계 주요 거래소에 상장된 상장주식의 시가총액을 기준으로 보면 1997년 기준으로 미국의 NYSE, 도쿄, 런던, 나스닥 순이고 일본의 계속되는 경기침체의 여파로 도쿄의 증시에 상장된 주식의 시가총액이 점점 하락하는 모습을 보이고 있다.

b. 주요 거래소의 연간 거래금액 기준으로 보면, 미국의 NYSE와 기술주 위주의 주식시장인 나스닥이 순위다툼을 하고 있고, 1999년을

기점으로 나스닥의 거래금액이 NYSE의 거래금액을 넘는 광경을 연출하였다.

    c. 특이한 현상으로 일본 등에 비하여 한국의 회전율이 높은 것을 알 수 있는데 이는 많은 한국의 투자자들이 HTS(Home Trading System)에 의존한 단타 위주의 거래를 하고 있음을 보이고 있다.

    d. 일본의 경우, 시가총액에 비해서 거래량이 비교적 적은 것으로 나타난 것은 경영권 확보를 위해 은행이나 보험회사의 주식 보유가 많은 데에 원인이 있다.

2.3. 주가지수

주가지수는 시장 전체의 움직임을 가늠하는 잣대로 사용되는 지수(index)이다. 이러한 지수는 각국마다 다르게 운용된다. 예를 들면, 한국의 경우는 주가종합지수를 이용하게 되는데, 주가종합지수는 시장 전체에서 그 주식이 차지하는 비율에 기인하나, 미국에서 많이 사용되고 있는 다우산업평균지수(DJIA: Dow Jones Industrial Average)는 NYSE에 상장된 각 산업의 대표주식을 30개 선정하여 이용하기도 한다.

2.4. 컨트리 펀드(country fund)

주식투자자들이 한 국가의 주식에 투자함으로써 얻을 수 있는 위험을 다른 나라의 주식에 투자함으로써 어느 정도 줄일 수 있는데, 현실적으로 다른 나라의 개별주식에 대한 정보나 지식의 부재를 극복할 수 있는 목적으로 설립되고 운영되는 펀드가 컨트리 펀드(country fund)이다.

2.5. 글로벌 펀드(global fund)

글로벌 펀드는 컨트리 펀드와는 달리 전 세계를 대상으로 투자하며 주로 개방형으로 펀드가 설정된다는 특징을 가진다.

3. 국제분산투자

3.1. 국제분산투자의 의의

국제분산투자란 투자자가 투자대상을 국내의 상품으로만 한정시키지 않음으로써 국내의 단일시장에만 투자하여 얻을 수 있는 위험을 회피할 목적으로 해외의 투자상품까지 포함하여 포트폴리오를 구성하는 것을 의미한다. 이는 분산투자를 통하여 제거할 수 있는 위험인 비체계적인 위험(unsystematic risk 혹은 market risk)을 제거할 수 있기 때문이다.

3.2. 국제증권투자 시 유의점

a. 외국의 자본시장에 투자하는 것은 상대적으로 높은 거래비용을 발생시킨다.

b. 정보의 비대칭성을 들 수 있다.

c. 정치적 위험과 환위험과 같은 국내투자에 존재하지 않는 부가적인 위험이 존재한다.

차이나 파워 세계금융 장악[14]

파이낸셜타임스(FT)지가 최근 10년간 전 세계 금융산업의 판도 변화를 분석한 결과 금융권의 변방으로 취급받던 중국의 공상은행, 건설은행, 중국은행이 시가총액 기준으로 각각 1~3위를 차지하며 글로벌 금융시장의 선두주자로 떠올랐다.

지난 17일 현재 시가총액은 공상은행이 1,753억 달러, 건설은행이 1,287억 달러, 중국은행이 1,128억 달러 수준이다. 중국의 상업은행과 초상은행도 각각 12위(380억 달러)와 17위(310억 달러)에 올라 올해 시가총액 최상위 20개 은행 가운데 중국은행이 20%를 차지하는 기염을 토했다.

올해의 국가별 은행 시가총액 역시 중국이 5,091억 달러를 기록, 미국을 제치고 1위에 올라섰다. 지난 1999년 1조 542억 달러로 압도적인 1위를 차지했던 미국 은행의 시가총액은 올해 3,781억 달러로 곤두박질했다. 영국 은행의 시가총액 역시 같은 기간 3,629억 달러에서 1,186억 달러로 급감했다.

특히 1999년부터 2007년까지 세계 최대 은행 자리를 고수하며 시장을 좌지우지했던 미국 씨티그룹은 시가총액이 10년 새 1,509억 달러에서 137억 달러로 쪼그라들며 46위로 추락했다. 뱅크오브아메리카(BOA)도 1,129억 달러에서 401억 달러로 줄어 2위에서 11위로 주

---

14) 출처: '차이나 파워 세계금융장악', 파이낸셜 뉴스, 2009년 3월 23일자 기사내용.

저앉았다.

영국은 홍콩상하이은행(HSBC)이 같은 기간 3위(937억 달러)에서 5위(738억 달러)로 상승해 상대적으로 선방했으나 로이즈뱅킹그룹이 4위에서 53위로 내려앉는 등 약세를 면치 못했다. 세계은행업계의 이같은 순위 변화는 단순히 서열 조정이란 의미를 넘어 글로벌 금융시장 질서가 미국발 금융위기를 계기로 재편되고 있음을 뜻하는 것이어서 주목된다.

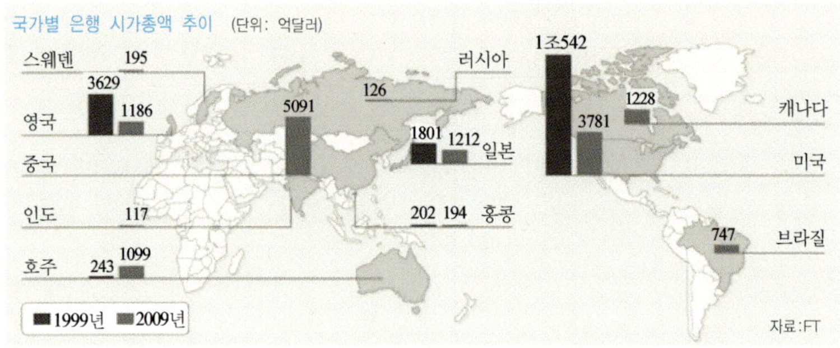

[요점정리]

1. 국제투자로서 국제채권시장에 대하여 포괄적으로 살펴보았다. 주요 내용으로는 유로채와 외국채권에 대하여 논의하였다.

2. 국제주식시장에 대하여 알아보았다.

3. 국제분산투자에 대하여 알아보았다.

[참고문헌]

강호상, 『글로벌 금융시장』, 법문사, 2009.
이종철, 『글로벌 금융론』, 박영사, 2011.
임태순, 『경영학의 이해』, 한국학술정보(주), 2012.
______, 『재무관리의 이해(공저)』, 법문사, 2012.
______, 『재무관리』, 한국학술정보(주), 2011.
______, 『주식시장과 투자』, 한국학술정보(주), 2011.
______, 『글로벌경영』, 한국학술정보(주), 2011.
______, 『핵심재테크』, 이담북스, 2010.
______, 『금융시장』, 한국학술정보(주), 2010.
______, 『현대경영학의 개관(공저)』, 법문사, 2006.
조갑제, 『국제금융』, 두남, 2009.
최낙복, 『국제금융』, 두남, 2011.
파이낸셜 뉴스, 2009년 3월 23일자 기사내용.

학습목표

1. 해외직접투자의 의의와 동기에 대하여 살펴본다.
2. 국제합작투자의 특성 및 장단점에 대하여 알아본다.
3. 국제기업의 인수 및 합병에 대하여 알아본다.

제12장 해외직접투자

1. 해외직접투자의 의의 및 동기

☞ 국제투자의 일환으로서 행하여지는 해외직접투자의 동기에 대하여 살펴본다.

해외직접투자(FDI: Foreign Direct Investment)는 투자대상기업에 대한 경영참여와 통제권이 수반되는 국제투자이다.

비교: 해외간접투자(foreign indirect investment)

해외간접투자는 경영참여와 통제권이 수반되지 않는 국제투자로서 자산운용을 목적으로 하는 국제증권투자(international portfolio investment) 등을 말한다.

1.1. 전략적 동기

1) 시장의 추구(market seeker)

잉여생산에 대한 소비시장을 추구하는 전략으로 수출 등과 같은 해외시장의 개척을 통하여 시장을 확보하기 위하여 해외에 직접 투자하는 경우에 해당한다.

2) 해외자원의 추구(material seeker)

해외의 풍부한 원자재를 확보하기 위한 전략으로 해외에 투자하는 행위로서 고무, 원유, 석탄 및 임업 분야의 투자에 해당된다.

3) 생산의 효율성 추구(efficiency seeker)

국내보다 해외에서 보다 경쟁력이 있는 자본, 노동 등과 같은 생산요소를 얻을 수 있는 경우에 해외투자를 하는 것을 의미하며, 주로 노동 집약적인 생산활동에 많이 이용된다.

4) 기술 및 경영상의 노하우 추구(knowhow seeker)

기술이나 경영상의 노하우를 얻기 위하여 해외기업체를 인수하는 경우를 말하며 과거 일본이 경제성장을 구가하던 80년대 미국의 기업을 대상으로 많이 이용하던 기법이다.

1.2. 경제적 동기

1) 독점적 우위이론

해외직접투자를 통하여 현지국에 진출하는 기업은 현지국 기업에 비하여 많은 어려움(문화, 관습, 법적인 제도 등)을 극복할 수 있는 경쟁우위(competitive advantage)를 확보해야 되는데, 이런 경쟁우위의 원천으로는 다음과 같은 것이 있다.

a. 규모의 경제: 해외직접투자를 통하여 기업활동을 확대함으로써 규모의 경제(economies of scale)로부터 오는 이점을 누릴 수 있어야 한다.

b. 탁월한 지적자산: 다국적기업은 기술, 경영 등 측면에서 기업 특유의 탁월한 지적자산을 확보해야 한다. 예) 코카콜라

c. 재무적인 우위: 다국적기업은 자금조달원천이 전 세계적으로 다양할 뿐만 아니라 여러 국가에서 기업활동을 하기 때문에 위험을 분산시킬 수 있다.

d. 제품 차별화: 다국적기업들은 연구개발비 등에 막대한 투자를 하여 자사 제품에 대한 제품의 차별화를 달성하여 기업 특유의 경쟁우위를 확보할 수 있다.

2) 제품수명주기이론(PLC: Product Life Cycle)

신제품이 출현하고 나서 시간이 경과함에 따라 이 제품의 수명이 도입기, 성장기, 성숙기, 쇠퇴기를 겪게 되는데 이러한 제품의 수명주기 이론에 따라 선진국, 중진국, 후진국은 각각 그 단계에 맞는 제품

에 생산의 우위를 가지게 된다는 것이다. 즉 저소득국은 표준화가 상당히 진전된 제품의 생산에 우위를 가지고 있고 중진국은 표준화 초기단계의 제품 생산에 우위를 확보하고 있으며, 선진국은 새로 개발된 제품의 생산에 우위를 확보하고 있다.

3) 내부화 이론(the internalization theory)

기업 외부의 시장기구를 통하여 거래하기 어려운 기술이나, 경영 등과 같은 지적재산은 기업 내부에서 이러한 거래가 더 효율적으로 수행될 수 있기 때문에 기업은 이를 내부화하는 것이 유리한 경우에 해외에 직접 투자한다.

1.3. 방어적 동기

1) 리더를 따르라(follow the leader)

과점적 산업의 경우에는, 한 기업의 움직임이 경쟁기업에 직접적인 영향을 주기 때문에 하나의 기업이 움직이면 다른 기업이 바로 따라서 해외투자를 하는 경우가 있다.

2) 고객 움직임을 따르라(follow the customer)

주로 서비스와 관계된 산업에서 볼 수 있는 경향으로 고객의 해외기업 활동에 필요한 서비스를 제공하는 법률, 회계 등 서비스에서 볼 수 있다.

2. 국제합작투자의 특성 및 장단점

☞ 국제합작투자의 특성 및 장단점을 알아본다.

2.1. 국제합작투자의 의의

국제합작투자(international joint venture)란 공동으로 기업을 운영하기 위하여 서로 다른 나라의 투자선들 간에 자본은 물론 기술, 경영 등 여러 면에서 자원과 능력을 결합하는 것을 의미한다. 이러한 합작투자가 이루어지는 이유는 민족주의 의식이 확산됨에 따라 외국인투자를 합작투자에 한하여 허용하는 국가가 많아진 환경적인 원인이 있고, 다른 이유는 투자허용국이 외국인의 단독투자를 허용한다 할지라도 그 나라의 현지기업들과 협력적인 관계를 유지함으로써 얻을 수 있는 여러 가지 혜택(예를 들면, 위험의 분산)을 유지하기 위한 전략으로 볼 수 있다.

2.2. 국제합작투자의 장단점

1) 장점

a. 시너지효과를 볼 수 있다. 합작투자의 파트너들이 결합하여 투입한 자원의 가치보다 더 커다란 가치를 회수할 수 있을 뿐만 아니라 동시에 위험을 분산시킬 수 있는 효과를 가지고 있다.

b. 능력 있는 해외파트너를 통하여 외국인 기업체는 해외 진출국의

정부 및 행정관청과 원만한 관계를 유지할 수 있고, 기타의 시장기반을 단시일 내에 확보할 수 있다.

c. 합작투자를 통한 현지법인의 설립은 정치적인 위험을 감소시키는 효과를 가질 수 있고, 자금의 조달 및 투자 또는 세금 등의 측면에서 혜택을 얻을 수 있다.

2) 단점

a. 합작파트너와 여러 가지 관점에서 의견이 맞지 않을 경우에, 경영상의 문제점 해결에 관한 의사결정에 충돌이 일어날 가능성이 있다.

b. 합작투자의 과실로 발생한 이익을 파트너와 배분하는 과정에서 충돌 가능성이 존재하므로 처음부터 명료하게 해 둘 필요가 있다.

c. 범세계적인 경영을 원하는 다국적기업의 경우에는, 합작투자로 인한 초기의 빠른 경영정상화를 기대할 수 있지만, 합작기업체를 완전 통제하지 못함으로써 범세계적 경영전략을 수행하는 데 제약을 받게 된다.

3. 국제기업의 인수·합병

3.1. 국제기업 인수·합병의 특성

기업의 경영환경이 급격하게 변화함에 따라 치열한 경쟁을 하고 있는 기업들은 국내외의 경쟁력을 강화하고 지속적인 성장을 도모할 목적으로 기업 재편성(corporate restructuring)을 추진하게 되는데, 이러한 기업 재편성의 전략적인 수단으로 또는 해외직접투자의 전략적인 수단으로 최근 들어서 많이 활용되고 있는 것이 국제기업 인수 및 합병(international corporate merger and acquisitions)이다.

기업의 인수 및 합병은 M&A라고 쉽게 사용되며 이는 둘 이상의 기업이 단일기업으로 합병되는 합병과 한 기업이 다른 기업의 주식 또는 자산을 취득하여 경영권을 획득하는 인수가 결합된 개념이다.

3.2. 국제기업 인수·합병의 장단점

1) 장점

a. 단독으로 해외직접투자로 해외자회사를 설립할 경우에는 막대한 자금과 시간이 소요될 뿐만 아니라 설립 후 운영상의 불안정과 회수의 불확실성이 증대된다. 또한 합작투자로 해외합작기업체를 설립하고자 할 경우에도 적합한 파트너 선정의 어려움이 있고, 책임 분담으로 인한 운영상의 어려움을 맛보게 된다. 이에 반하여 M&A는 현존하는 기업을 대상으로 하기 때문에 단시간 내에 해외시장 진입을 용이하게 하고 국제경영의 확대를 성취시키는 장점이 있다.

b. 자체적으로 개발하기 어려운 기술이나 경영의 기법을 싼 가격에 획득할 수 있다.

2) 단점

a. 인수기업과 피인수기업은 서로 다른 이질적인 문화, 관리시스템 및 조직체계 등으로 인하여 인수 후에 완전통합을 통한 시너지 효과

를 얻지 못하는 경우가 있다.

b. 인수 시의 가격을 과다하게 지불하기 쉽다. 즉 인수대상기업의 경영력, 기술력 등 기업 내부의 유형과 무형의 가치를 정확하게 평가하기 어렵다.

c. 통합과정에서 피인수기업의 주요 경영자 및 핵심기술 보유 기술자 등을 잃을 가능성이 있다.

한국기업들의 해외 M&A

한국기업, 日 포털·佛 속옷 '바바라'도 인수[15]
해외 알짜기업 사냥으로 글로벌 경쟁력 키운다.

한국기업들의 해외기업 인수·합병(M&A) 바람이 거세다. 작년 상반기까지만 해도 경기침체로 움츠려 있던 한국기업들이 경기 회복세를 타고 싼값에 나온 해외 우량 기업들을 적극 사들이고 있는 것이다. 글로벌 금융위기 여파로 해외에 좋은 기업 매물들이 아직도 많은 만큼, 우리 기업의 해외 M&A 열기가 상당기간 계속될 것이라고 전문가들은 예상한다.

▲ 롯데쇼핑이 인수한 중국 대형마트 체인 '타임스' 양저우점 외관/롯데그룹 제공

---

15) 출처: 조선일보, 2010년 7월 14일자 기사내용에서 발췌.

◆ 유통·IT·철강 등 해외기업 인수 열풍

인터넷 포털 '네이버'를 운영하는 NHN은 올 4월 일본 포털 업체 '라이브도어'를 손에 넣었다. SK텔레콤은 지난달 말레이시아 통신 업체 '패킷원'의 지분(25.8%)을 1억 달러(약 1,211억 원)에 인수해 2대 주주가 됐다.

삼성그룹 계열사인 삼성전기는 작년 11월에 중국의 전자부품 업체를 인수했고, 삼성전자는 작년 12월 폴란드 가전업체 '아미카'를 사들였다.

내수시장에 주력하던 유통업체들도 해외기업 사냥에 나섰다. 속옷 업체인 남영비비안은 지난달 프랑스의 고급 속옷 브랜드 '바바라'를 인수했다. 1998년부터 바바라를 직수입해 국내에서 판매하던 남영비비안이 아예 통째로 사들인 것. 롯데쇼핑은 작년 12월 7,300억 원을 주고 중국의 대형마트 체인 '타임스'를 인수했다.

중견기업인 무선통신장비 업체 에이스테크놀로지는 올 3월 영국에

▲ 삼성전자가 지난해 12월 인수한 폴란드 가전업체 '아미카' 전경/삼성전자 제공

있는 무선통신기술연구소를 인수한 데 이어 5월에는 영국의 이동통
신기지국장비개발회사를 사들였다.

◆ '금융·서비스업도 해외 M&A 강화해야'

한국기업들의 해외기업 M&A 붐은 글로벌 경제위기 후 급속도로
재편되는 해외시장에서 새 성장동력을 찾아 경쟁력을 키우려는 노력
이라고 업계 관계자들은 지적한다.

국내기업의 해외 기업 인수 주요 사례

2009년 11월	삼성전기, 중국 전자부품 업체 '유니캡' 인수
2009년 12월	롯데쇼핑, 중국 대형마트 체인 '타임스' 인수
	삼성전자, 폴란드 가전업체인 '아미카' 인수
2010년 4월	NHN, 일본 포털 업체 '라이브도어' 인수
2010년 5월	무선통신장비 업체 에이스테크놀로지, 영국 이동통신 기지국 장비 개발회사 '액시스 네트워크 테크놀로지' 인수
2010년 6월	SK텔레콤, 말레이시아 통신 회사 '패킷원' 지분 25.8% 인수
	남영비비안, 프랑스 고급 속옷 브랜드 '바바라' 인수

포스코가 이달 5일 호주의 석탄 광산 지분 70%를 5,000만 호주달
러(약 530억 원)에 인수한 게 대표적이다. 포스코가 지분을 투자한 해
외 광산은 여럿 있지만, 50%를 초과한 지분으로 경영권을 확보한 광
산은 이번이 처음이다.

포스코 김동만 상무는 "이번 인수는 철강 전문 기업에서 종합소재
기업으로 거듭나기 위한 시도"라고 말했다. SK텔레콤의 말레이시아
통신업체 '패킷원' 지분 인수는 동남아 시장 선점 차원에서 내린 결
정이란 분석이다.

해외기업들의 가치가 최근 급락하는 것도 한 요인이다. 일례로 남영비비안이 인수한 세계적인 속옷 브랜드 '바바라'는 한때 연간 매출이 700억 원에 달했으나 지난해 300억 원대로 떨어져 경영난에 시달리다 헐값인 400만 유로(약 60억 원)에 매물로 나왔다.

김종년 삼성경제연구소 수석연구원은 "우리 기업의 해외 M&A가 예전보다는 활발하지만 중국·일본 기업들과 비교하면 아직 미약해 좋은 기회를 놓치는 경우가 종종 있다"며 "금융·서비스 업종도 해외에 좋은 매물이 있으면 과감하게 도전, 글로벌 경쟁력을 높이는 기회로 삼아야 한다"고 말했다.

[요점정리]

1. 해외직접투자의 의의와 동기에 대하여 살펴보았다.

2. 해외합작투자에 대하여 알아보았다.

3. 국제기업의 인수 및 합병에 대하여 알아보았다.

[참고문헌]

강호상,『글로벌 금융시장』, 법문사, 2009.
이종철,『글로벌 금융론』, 박영사, 2011.
임태순,『경영학의 이해』, 한국학술정보(주), 2012.
______,『재무관리의 이해(공저)』, 법문사, 2012.
______,『재무관리』, 한국학술정보(주), 2011.
______,『주식시장과 투자』, 한국학술정보(주), 2011.
______,『글로벌경영』, 한국학술정보(주), 2011.
______,『핵심재테크』, 이담북스, 2010.
______,『금융시장』, 한국학술정보(주), 2010.
______,『현대경영학의 개관(공저)』, 법문사, 2006.
조갑제,『국제금융』, 두남, 2009.
최낙복,『국제금융』, 두남, 2011.
조선일보, 2010년 7월 14일자 기사내용(이미지 포함).
이미지 출처: 롯데그룹, 삼성전자.

부록 1. 중국의 주가, 통화증가율, 주가에 대한 이해16)

경제는 10% 성장해 '세계 1등' 주가는 14% 하락해 '세계 꼴등'
中, 작년 농업銀 기업공개 등 약 187조 원어치 주식 발행
물량 많아져 증시에 '물타기', '핫머니' 유입 차단 목적도 커
부동산 과열에 中 통화량 단속하고 긴축 들어가 정부시책 발맞춰
주가도 하락

이미지 출처: 조선일보.

중국 상하이 시내 금융기업들의 밀집지 와이탄(外灘) 지역에 설치된 황소 동상
중국은 상하이의 금융 중심지 도약 등을 기원하며 미국 월가에 있는 황소 동상을 본
떠 이 동상을 제작했다.

---

16) 출처: 조선일보, 2011년 1월 29일자 기사내용(중국증시 미스터리)에서 발췌.

❶ 2010년 주요국 주가상승률 비교

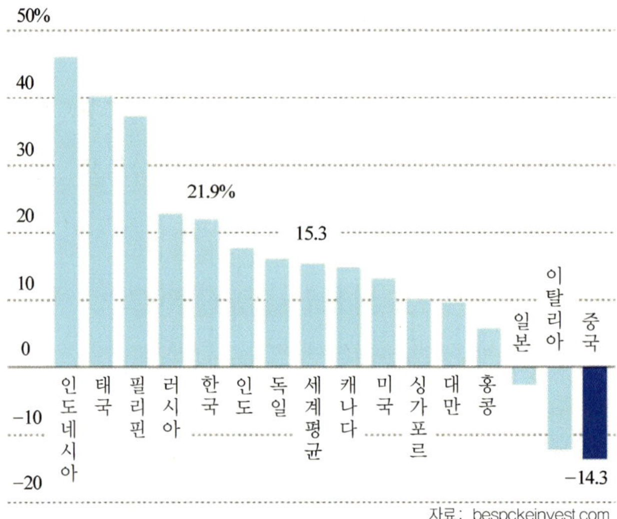
50%
40
30
21.9%
20
15.3
10
0
-10
-20
인도네시아
태국
필리핀
러시아
한국
인도
독일
세계평균
캐나다
미국
싱가포르
대만
홍콩
일본
이탈리아
중국
-14.3
자료: bespckeinvest.com

❷ 중국 상해지수와 유통주 시가총액

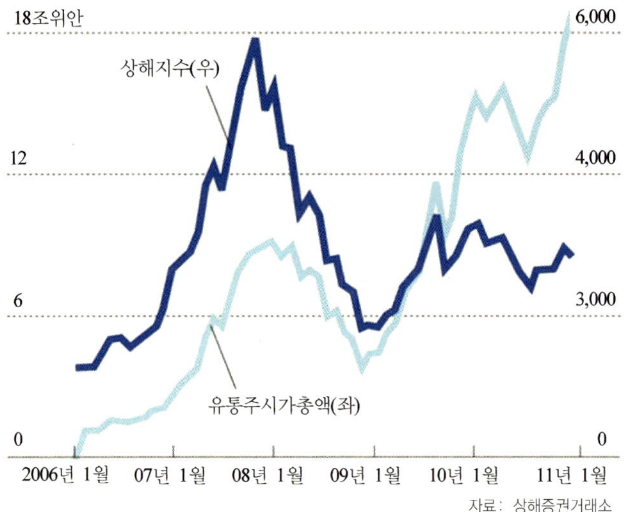
18조위안
6,000
상해지수(우)
12
4,000
6
3,000
유통주시가총액(좌)
0
0
2006년 1월　07년 1월　08년 1월　09년 1월　10년 1월　11년 1월
자료: 상해증권거래소

❸ 중국의 정책기조와 주가·통화증가율과의 관계

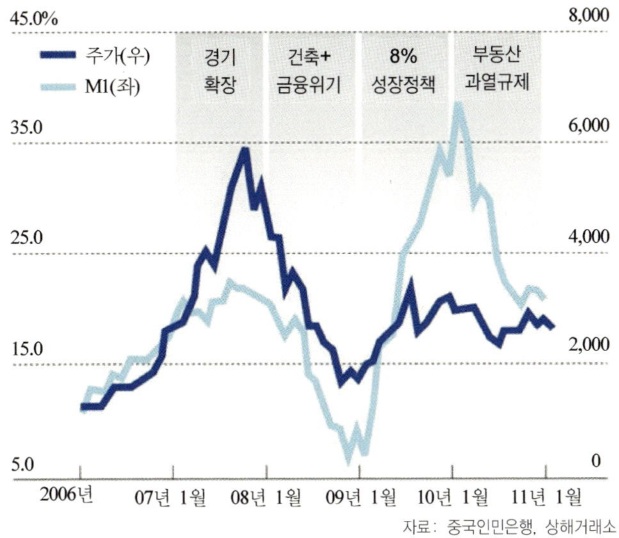
45.0%
8,000
주가(우)
M1(좌)
경기
확장
건축+
금융위기
8%
성장정책
부동산
과열규제
35.0
6,000
25.0
4,000
15.0
2,000
5.0
0
2006년   07년 1월   08년 1월   09년 1월   10년 1월   11년 1월
자료: 중국인민은행, 상해거래소

❹ 중국의 핫머니 유입

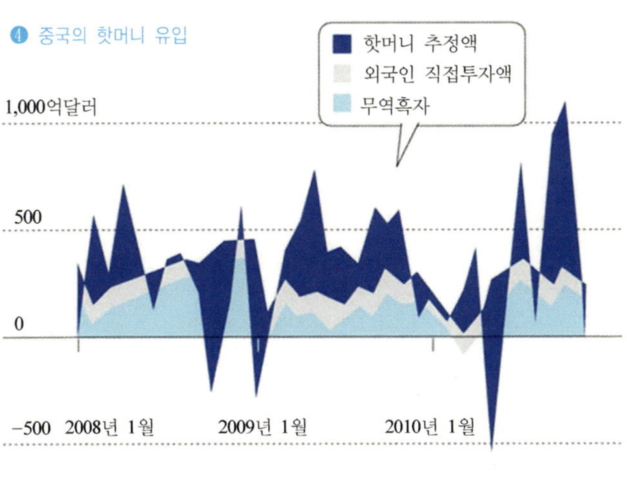
핫머니 추정액
외국인 직접투자액
무역흑자
1,000억달러
500
0
-500   2008년 1월   2009년 1월   2010년 1월
-1000
자료: 중국외환관리국

■ 핫머니와의 전쟁

중국으로 핫머니가 몰리는 데는 이유가 있다. 첫째, 금융위기를 겪은 나라들은 모두 성장 잠재력이 잠식돼 성장률이 떨어진다. 따라서 투자수익률이 낮아질 수밖에 없다. 그런데 중국은 예외이다. 중국의 성장은 계속될 것이다.

둘째, 환율 효과가 있다. 중국 경제가 별문제 없이 견딜 수 있는 수준인 매년 5~6% 내외의 위안화 절상이 이루어진다면 대미(對美) 환율은 현재의 1 대 6 수준에서 3~5년 새에 1 대 4까지 떨어질 것이라는 것이 중국 전문가들의 중론이다. 핫머니의 입장에서는 환차익만 노리고도 충분히 중국에 베팅해 볼 만하다.

중국증시는 여럿으로 나뉜다. 먼저 중국 내국인만이 살 수 있는 'A주' 시장이 있다. 또한 규모는 작지만 외국인도 투자할 수 있는 'B주' 시장, 그리고 중국기업이 홍콩증시에 상장한 'H주' 시장이 있다.

상하이 A주 시장은 작년 한 해 동안 17% 하락했지만, 외국인이 자유롭게 투자할 수 있는 상하이 B주 시장은 19% 상승했다. 화교와 외국인의 달러 핫머니가 B주 시장에 들어와 주가를 올려놓은 것이다.

한국의 중국 펀드들은 대개 홍콩에서 운용하거나 중국에 운용을 위탁하는 형태라서 주로 홍콩 H주와 상하이시장의 A주 일부 종목에 투자하고 있다. 핫머니 유입으로 주가가 올라도 한국에서 판매된 중국 펀드들의 수익률을 크게 기대할 수 없는 이유다.

▌ 부록 2. 글로벌 금융위기 진행과정

1. 위기조짐(2007)

2007년 04월 뉴센추리 파이낸셜 파산신청(서브프라임 2위 판매업체)

2007년 06월 베어스턴스 자산운용 파산가능성 시사

2007년 09월 연방준비제도 이사회(FRB) 공격적인 금리인하 시사

2007년 10월 한국 코스피 최고치 2,064.85(10월 31일)

2. 위기진행(2008)

2008년 03월 JP모건, 베어스턴스 인수

2008년 07월 모기지 업체(인디맥은행) 파산

2008년 08월 한국 코스피 1,500선 붕괴

2008년 09월 모기지업체(페니메이, 프레드릭맥) 국영화

2008년 09월 리먼 브라더스 파산

2008년 09월 연방준비제도 이사회(FRB), AIG에 850억 달러 구제금융

2008년 10월 미 상원 7,000억 달러 공적자금투입안 통과

2008년 10월 한국 코스피 1,200선 붕괴

2008년 10월 세계 증시 대폭락

유럽, 아시아 모두 10% 폭락

한국, 코스피 1,000선 붕괴

3. 위기극복(2009)

2009년~ 위기극복을 위한 각국의 노력과 정책공조

피터 린치(Peter Lynch)는 월스트리트 역사상 가장 성공한 펀드매니저로 꼽히는 인물이다. 국내에서도 번역된 책을 통하여 그의 투자 철학이 여러 차례 소개되었다. '월가의 영웅'이란 칭송을 받는 그는 피델리티투자회사(Fidelity Investment)의 마젤란펀드를 13년간 연평균 29.2%의 기록적인 투자수익률을 유지하면서 세계 최대의 뮤추얼펀드로 키워 냈다.

보통의 펀드매니저들과 그가 달랐던 점은 발로 뛰면서 얻는 정보가 진짜 정보란 소신대로 기업방문에 많은 시간을 할애했다. 방문을 통하여 기업의 투자정보를 수집하고 기업 CEO들과의 만남을 통하여 기업을 분석했다. 이런 노력의 결과가 13년 동안 투자원금 대비 27배의 경이로운 투자수익률을 달성하여 투자자에게 과실을 나눠 줄 수 있었다.

미국 전역에 걸쳐, 그의 명성이 자자해지자, 그의 펀드에 투자하려는 투자금이 주체할 수 없을 정도로 밀려와 투자한 주주만 100만 명을 넘었고, 투자금액이 커지다 보니 투자종목 수도 점차 불어났다. 마침내 투자자금이 워낙 커지다 보니 그 많은 돈으로 시장에서 우량주에만 투자하는 것 자체가 불가능할 정도에까지 이르렀다.

그는 47세에 '가족과 함께 시간을……'이란 은퇴의 변을 남기고 은퇴하여 앞으로도 쉽게 깨지기 어려운 수익률을 달성한 '월가의 영웅'으로 남게 되었다.

---

17) 핵심재테크, 임태순, 이담북스, 2010, p.145. 글 발췌.

'살아 있는 경영 神'의 일갈[18]

이나모리 가즈오 교세라그룹 명예회장 인터뷰

'CEO는 배부르면 사냥 않는 사자의 절도 배워야'

이나모리 가즈오
명예회장

"인간의 욕망을 원동력으로 했던 것이 자본주의지만, 그것이 지나쳐 계속 편리한 것만을 추구한 결과가 이번 금융위기를 낳았습니다. 이번 위기는 단순한 경기침체가 아니라 인류가 삶의 방식을 근본적으로 재검토하는 계기로 삼아야 합니다."

이나모리 가즈오(稲盛和夫·77) 교세라그룹 명예회장, 마쓰시타 고노스케(松下幸之助), 혼다 소이치로(本田宗一郎)와 함께 일본에서 가장 존경받는 3대 기업가로 꼽히며, '살아 있는 경영의 신(神)'으로까지 불리는 사람이 바로 그다. 그는 27세 때 맨손으로 사업에 뛰어들어 세계적인 전자부품회사인 교세라와 일본의 SK텔레콤 격(格)인 민간 이동통신업체 KDDI 두 대기업을 창업했다. 두 그룹을 합치면 종업원 7만 6,000여 명에 매출이 4조 4,000억 엔(약 58조 원)을 넘는다.

지금은 경영 일선에서 은퇴했지만, 일본 재계의 큰 어른으로서 그

---

18) 출처: 조선일보(chosun.com), 2009년 8월 22일자 기사내용.

의 영향력은 지대하다. 미국에서 기업인들이 가장 만나서 의논하고 싶은 인물이 워런 버핏(Buffett)이라면, 일본에선 단연 이 사람이다. 그의 경영 철학을 전수하기 위해 시작된 경영 모임 세이와주쿠(盛和塾)에서 그의 강연이 끝나면 젊은 기업인들이 그를 빽빽이 에워싸고 차례로 질문을 던진다.

특히 지금 이 시점에서 그를 만나는 의미가 남다르다. 글로벌 금융위기로 자본주의 윤리 자체가 도마 위에 오른 지금, "땀 흘려 번 돈만이 진짜 이익"이며 "일은 생활의 수단이 아니라 영혼을 닦기 위한 수양의 장"이라는 그의 동양적 경영 철학에 무게가 실리고 있다.

그는 이윤 추구와 주주 중심주의, 성과주의를 바탕으로 한 서구식 자본주의의 대척점에 서 있는 인물이다. 그는 기업은 단순히 돈을 버는 이상의 '레종 데트르(불어로 존재 이유란 뜻으로 그가 즐겨 쓰는 표현이다)'를 가져야 한다고 주장한다. 그는 "경영의 베이스엔 거래처, 종업원, 고객 모두를 사랑해 모두가 잘돼야 한다는 자비(慈悲)의 마음이 깔려 있어야 한다"고 했다. 그는 1시간 30분간의 인터뷰 동안 '자비'라는 말을 다섯 번도 넘게 썼다. 그는 서구 기업 CEO들이 거액의 연봉을 받는 데 대해 '과거 전제군주나 할 일'이라고 목소리 높여 비판하며, 성과급과 인력 구조조정에도 반대한다.

하지만 그는 늘 원대한 꿈을 꾸었고 일에 관한 한 양보가 없었던 집념의 경영인이다. 그는 기술 개발을 위해 20년간 새벽 서너 시경에야 사무실을 떠나 '미스터 a.m.(오전)'이란 별명이 붙었다. 그는 "내가 다음에 하고 싶은 것은, 사람들이 우리에게 절대로 할 수 없을 것이라고 말하는 것을 이루어 내는 일"이라고도 했다.

'아메바 경영'으로 대표되는 이나모리식 조직관리는 관리에 강하다는 도요타나 삼성이 벤치마킹할 정도로 지독하고 무시무시하기까지 하다. 아메바 경영이란 회사 전체를 20명 이하의 소규모 조직으로 쪼개 독립 채산제로 운영하는 것이다. 그리고 매일 결산을 해서 아메바별 채산이 다음 날에는 모두 공개된다. 실적이 떨어진 부문은 문을 닫아야 한다.

그의 사상의 토대는 불교에 있다. 그는 1997년 경영 일선에서 물러난 뒤 머리를 깎고 불가(佛家)에 입문해 세계 경영계에 큰 화제가 되기도 했다. 그는 다이와(大和)라는 법명을 받고 탁발 수행까지 했지만, 이듬해 "개인의 철학 추구는 잠시 늦추고 국가의 일에 비중을 두고 싶다"면서 속계로 되돌아왔다.

그의 경영 철학과 인생관을 담은 책들은 국내에도 여러 권 번역돼 출간됐다.『카르마 경영』은 2006년에는 삼성경제연구소, 올해는 LG그룹 CEO들이 각각 선정한, 여름 휴가철에 읽을 만한 책에 포함됐다. 인간은 무엇인가에서부터 출발하는 그의 경영 철학은 평범하면서도 깊은 진리를 담고 있어 진한 울림을 준다.

– 세이와주쿠에서 후배 기업인들에게 가르치는 것은 무엇입니까?

"중소기업 경영자 중에서 경영이 무엇인지 잘 모르는 사람이 많습니다. 예를 들어 경영이란 것은 아무리 작은 식당을 하고, 야채를 팔아도 모두 부기(簿記)나 회계가 필요합니다. 그런데 부기나 회계를 모르는 사람이 태반이에요. 얼핏 보면 이익이 나는 것처럼 보여도 알고 보니까 번 돈이 바로 원재료비로 둔갑하기도 하고 설비투자로 들어가기도 합니다. 그래서 아무리 열심히 일해도 수익이 안 남는다, 자금이 모자란다, 이렇게 돼 버리기 쉽습니다.

따라서 우선 부기, 회계부터 배우고, 혼자서 안 된다면 회계사에게 맡겨서라도 확실히 하는 것이 첫 번째입니다.

둘째, 경영자는 어떻게든 이익을 내려 하고, 또 반드시 이익을 내야 하지만, 이익을 추구하는 데도 길이 있습니다. 나 혼자 많이 벌면 좋겠다는 자기애(自己愛)만으로 돈을 벌면, 오래가지 못합니다. 거래처와 종업원을 포함해 모든 사람을 행복하게 해 준다는, 더 큰 사랑이 필요합니다. 그래야 오래갑니다. 또한 경영자는 철학이 있어야 합니다. 돈으로 사람을 움직이기보다는 마음 깊은 곳에서 불타오르는 동기를 부여해야 하는데, 그것을 위해서는 정말 인격밖에 없습니다.”

이나모리 명예회장은 질문을 하면 눈을 꾹 감고 듣곤 했다. 처음엔 노령에 피곤해서 그런 줄 알았는데, 그게 아니었다. 한국에서 날아온 외국인 기자가 하는 질문 내용을 빠뜨리지 않고 듣고, 답을 생각하기 위해 그런 것이다. 골똘히 생각하는 그의 모습에 질문하는 기자가 미안할 정도였다. 그에겐 이 인터뷰도 마음을 닦기 위한 수행의 일부인지 모른다.

- 약육강식(弱肉强食)과 정글의 법칙이 통용되는 혹독한 환경 속에서 당장 살아남아야 하는데, 모든 사람을 행복하게 해준다는 것은 너무 한가한 말 같기도 합니다.

“결코 느긋한 이야기를 하는 것은 아닙니다. 자본주의에서 기업을 경영하려면 경쟁이 아주 치열하고, 매우 어려운 환경에 처하기 마련입니다. 특히 요즘 같은 때 경영은 매우 힘든 일이니까 자신의 회사 경영을 잘하기 위해서는 누구에게도 지지 않을 정도로 필사적으로 일하지 않으면 안 됩니다. 지금의 일을 곁눈질 않고, 자는 동안에도, 죽을 정도로 일하지 않으면 안 됩니다. 저는 그 길밖에는 없다고 생각합니다.

하지만 이와 동시에 불교에서 가르치는 자비(慈悲)라고 하는, 남에 대한 배려가 바탕에 있어야 한다는 것입니다. 자신의 일을 사랑함과 동시에 거래처, 종업원, 고객 모두를 사랑해 모두가 잘돼야 한다는 그런 기분을 베이스로 열심히 일해야 한다는 것입니다.

흔히 자본주의를 약육강식이라고들 하지만, 사실은 그게 아니라 적자생존(適者生存)이 더 올바른 표현이 아닌가 싶습니다. 자연을 보더라도 사실 약육강식이란 것은 의외로 흔하지 않습니다. 다만 환경에 맞는 것만 살아남고, 그렇지 못하면 멸망하는 것입니다. 그래서 길가의 한 포기 풀과 한 그루 나무까지도 살아남으려고 안간힘을 씁니다. 가뭄이 와도 비가 올 때까지 견뎌 보자면서 필사적으로 노력합니다. 그렇게 노력하지 않으면 바로 말라붙어서 시들어 버립니다. 인간처럼 '좀 더 편히 살자', '좀 더 호강을 누리자' 이래서는 살아남을 수 없는 것입니다.

다시 말해 적자생존이란 의미에서 열심히 일하는 것만이 유일한 길인데, 다만 일할 때의 마음은 자비와 배려가 바탕에 있어야 한다는 것입니다. 이것이야말로 제가 불교에서 배운 훌륭한 교훈이라고 생각합니다."

그는 '이타(利他)'의 경영 이념을 정립했지만, 그가 창업할 때부터 그런 생각을 갖고 있었던 것은 아니다. 그가 이런 생각을 갖게 된 결정적인 계기가 있었다.

그가 1959년 교세라의 전신인 교토세라믹을 설립하고 3년이 지난 어느 날이었다. 고졸사원 11명이 혈서를 들고 그에게 찾아와 임금 인상과 장래 보장을 요구했다. 그는 요구를 그대로 받아들일 수 없었다. 이제 막 걸음마를 시작한 마당에 지키지도 못할 약속을 할 수 없었기 때문이다. 그는 직원들을 집으로 데려가 "나를 믿고 따라와 달라. 자네들을 배반한다면 그때는 나를 죽여도 좋다"고 사흘 밤낮으로 설득했다.

그래서 그 문제는 해결했지만, 그는 그때 큰 짐을 짊어진 것 같았다. 회사를 차렸다는 이유만으로 직원들의 생활을 책임져야만 했기 때문이다. 제 가족도 제대로 돌보지 못하는 처지였는데 말이다. 그는 회사란 직원과 사회에 무거운 책임을 져야 하는 것임을 깨달았다. 그는 몇 주간의 고민 끝에 '회사는 내 기술을 세상에 알리는 무대'라는 생각을 미련 없이 버리고 '전 직원의 행복을 추구하고, 인류 사회의 발전에 공헌한다'는 경영 이념을 정했다.

– 미국발 금융위기로 미국식 경영에 대한 비판이 확산되고 있습니다. 미국식 경영의 문제가 무엇이었다고 생각하십니까?

"원래는 미국도 부지런히 무언가 물건을 만드는 데 힘을 쏟았던 걸로 알고 있습니다만, 지난 10년 동안엔 금융에 특화해 머리를 쓰고 돈을 굴려서 큰 이익을 얻고자 했습니다. 극단적으로 말하면 노력을 하지 않고 큰 이익을 얻으려 했습니다. 금융공학을 통해 금융 신상품,

파생상품을 만들었고, 이것을 넓게 운용하고 레버리지를 이용해 원금의 몇 십 배에 이르는 막대한 이익을 올리려 했습니다. 그렇게 해서한 번 돈을 버니 점점 더 돈을 벌려고 하고, 욕망은 더욱 커져 갔지요. 힘을 들이지 않고 큰 이익을 얻으려는 것은 사람으로서는 당연한 일일지도 모르지만, 그것이 극단적으로 발전돼 세계적인 문제가 되고만 것입니다."

- 자본주의의 실패라는 의견도 있습니다만…….

"물론 그렇게도 말할 수 있겠죠. 자본주의라는 것은 인간의 욕망을원동력으로 발전했습니다. 우리가 쌓아 올린 근대문명도 그렇고요. 좀 더 풍요로워지고 부자가 되고 싶다는 인간의 욕망이 새로운 기술과 새로운 물건을 만들어 근대 물질문명을 이뤘습니다. 자본주의의좋은 점이라고 할 수 있겠죠. 그런데 그것이 너무 지나쳐 계속 더 편리한 것을 추구했던 인류의 '업(業)'이 이번 위기를 낳은 것입니다.

그런 의미에선 자본주의 그 자체가 문제였다고 할 수 있을 것입니다. 하지만 지금 와서 자본주의 그 자체를 부정한다고 해서, 현실적으로 공산주의로 바꿀 수도 없고, 다른 시스템을 생각할 수도 없습니다. 결국 자본주의를 해 나가되 그 과정에서 인간의 자세, 마음, 이것을어떻게 바꿔 나갈 것인가가 중요합니다. 거기에도 분명히 절도(節度)란 것이 있을 것입니다.

자본주의의 지나친 면에 대해서는 법률이나 규칙을 바꾸는 것도각국 정부가 생각하고 있는 것으로 압니다. 이것도 어느 정도 효과는있겠죠. 하지만 가장 중요한 것은 인간의 마음입니다. 인간이 많은 돈을 벌려고 하는 욕망이 있는 한, 아무리 규칙이 있어도 부족합니다. 같은 일이 끊임없이 반복될 수 있습니다. 사자도 배가 부르면 더 이상 먹이를 사냥하지 않습니다. 인간도 이와 같이 자연의 절도를 본받아야 합니다.”

- 대기업 CEO나 임원의 거액 연봉에 대한 비판이 확산되고 있습니다. 하지만 그들의 높은 연봉은 그들의 능력에 대한 시장의 평가라는 의견도 있습니다.

“확실히 회사가 큰 이익을 냈다면 리더인 CEO와 일부 고위 임원들의 역할이 컸을 것이므로 그만 한 돈을 받을 가치가 있다고 생각할 수 있을 것입니다. 특히 금융계에선 극히 소수의 사람이 머리를 써서 거액의 돈을 운용함으로써 거액의 이익을 버니까요. 예를 들어 불과 100명이 수조 엔을 굴려 수천억 엔을 법니다. 그래서 1,000억 엔을 벌었다면 그 1할인 100억 엔을 받아도 이상한 일은 아니지 않은가 생각할 수 있을 것입니다. 그래도 900억 엔이 남으니까요.

제조업체에도 그런 생각이 확산됐습니다. 교세라는 연간 수천억 엔 정도를 벌지만, 전 세계 6만 명의 종업원이 벌어들인 것이죠. 그러나 그런 이익이 나면 ‘톱인 내가 1할 정도는 떼도 되지 않나’ 생각해 제조업체에서도 거액의 돈, 즉 일반 종업원의 수십~수백 배의 월급을 받는 것이 당연한 것처럼 되어 버렸어요.

그러나 과거 봉건주의나 전제주의 시대의 독재국가라면 몰라도 민주주의라면서 이런 일이 생기는 것은 정말 이상한 일이라고 생각합니다. 과거엔 왕이 나라를 다스리고, 나라를 자신의 것으로 생각했으니 그런 일이 있을 수 있었겠죠. 하지만 민주주의가 되어 모두가 평등하고, 모두를 위해서라고 말하면서도 사고방식은 과거 봉건주의 시대처럼 폭력적인 독재자, 전제군주가 하던 짓과 거의 같은 일들을 지금 다시 시작했어요. 이처럼 자본주의, 자유시장경제가 사회에 거대한 격차를 만들어 낸 것은 사회의 변화를 수렴하는 의미가 있다 하더라도 매우 이상한 일이라고 생각합니다. 인간과 CEO의 끝없는 욕망이 확산돼 지금 이런 문제를 일으킨 것입니다.

석가모니의 말에 '만족을 안다'는 게 있는데, 이런 겸손한 마음, 그리고 절도(節度)를 아는 마음이 지금 리더들에게 요구됩니다. 위에 선 사람, 즉 리더는 자기희생을 보이지 않으면 안 됩니다. 자기애(自己愛)가 강한 사람이 리더가 돼서는 안 됩니다. 자기애가 강한 사람이 리더가 된 조직은 불행한 조직이라고 할 수밖에 없습니다."

― 열심히 일한 사람에게 표창하는 정도로 보상이 될까요? 그것으론 부족하다고 생각해 돈을 많이 주는 다른 회사로 옮겨 가지 않을까요?

"물론 그런 사람도 있을 수 있겠죠. 다행히 우리 회사엔 그런 사람이 적습니다. 또한 저희도 회사에 이바지한 사람에게는 승진을 시켜 준다든지, 조금이라도 다른 사람보다 후한 대우를 하고 있습니다. 무엇보다 중요한 것은 자비의 마음입니다. 자기애가 아니라 말입니다. 주위의 사람과 성과를 나누는 기쁨, 이것이야말로 질(質)이 다른 기쁨이고, 아름다운 기쁨입니다."

- 경기 불황의 영향으로 전 세계적으로 구조조정의 바람이 일었
  습니다. 어려운 기업환경 속에서 감원(減員) 없이 살아남을 수
  있는 방법은 없을까요?

"불경기가 되면 매출이 줄고 적자가 되기 마련입니다. 매출은 줄어
드는데도 고정비는 그대로이면 적자를 보게 되죠. 그리고 고정비 중
에서 가장 큰 비중을 차지하는 것이 인건비입니다. 그래서 일반적으
로 경기가 나빠지면 기업에선 구조조정에 나서기 마련입니다. 그러나
저는 종업원도 행복하게 한다는 것이 기업의 목적이므로 어려울 때
도 고용을 유지해 왔습니다.

교세라는 이를 위해 불황이 오래 이어지더라도 고용을 유지할 수
있게 늘 대비를 해 왔습니다. 형편이 좋을 때 호강하고 돈을 다 써 버
리지는 않고 내부 유보를 하고 있는 것입니다. 지금 자본주의 사회에
서는 이런 일이 환영받지 못하고 있습니다. 기업은 주주의 것이니 돈
을 벌면 바로 주주에게 배당을 줘야 한다는 것이죠. 하지만 기업은
주주의 것만이 아닙니다. 한번 입사한 사람이 회사를 신뢰하면서 안
심하고 일할 수 있는 자리를 마련해 줘야 합니다."

- 말씀하신 것처럼 기업은 주주의 것만은 아니고 종업원이나 거
  래처, 소비자 등 폭넓은 이해관계자를 위해 존재한다는 생각이
  확산되고 있습니다. 이렇게 기업이 너무 많은 것을 생각해야
  한다는 것은 부담스럽지 않을까요?

"주주만 잘해 주는 것에서 벗어나 보다 넓게 모든 사람을 행복하게

하는 것인데, 결코 어렵지 않습니다. 결국은 기업이 번 이익을 어떻게 배분하느냐의 문제입니다. 이익을 주주뿐만 아니라 여러 사람에게 나누면 되는 것입니다."

– 사람에는 3가지 종류가 있다고 하셨습니다. 즉 스스로 잘 타는 자연성(自燃性), 불에 가까이 대면 타는 가연성(可燃性), 그리고 불에 가까이 대도 타지 않는 불연성(不燃性)이 그것입니다. 어떻게 하면 가연성이나 불연성인 직원을 자연성으로 바꿀 수 있을까요?

"저는 불연성인 사람은 상대로 하지 않습니다. 적어도 정열을 갖고 말하면 동조해 주는 가연성의 사람 이상은 돼야 합니다. 예를 들어 내가 회사를 경영해 이런 훌륭한 회사로 만들고 싶고, 종업원도 행복하게 해 주고 싶다는 목표와 계획을 열정을 갖고 종업원에게 이야기하면 '아 사장님이 그런 생각이라면 나도……' 하는 생각이 드는 사람이 돼야 합니다. 그렇게 이야기해도 '사장님이 말해도 그렇게 잘되지는 않을 거야' 하는, 차갑고 정열이 없는 사람은 포기해도 그만이라고 생각합니다. 물론 내가 그런 말을 하지 않아도 스스로 불타고, 스스로 계획을 세워 개척해 나가는 자연성이 가장 좋겠습니다만……. 결국 스스로 하려는 의욕이 나고 강한 의지를 갖게끔, 종업원을 교육하는 것이 가장 중요합니다."

이나모리 가즈오 교세라 명예회장은……
日서 가장 존경받는 경영자…… 사재(私財) 출연해 일본의 노벨상

'교토상' 만들어

지난 2007년 일본스미토모(住友)생명보험은 전국의 기업체 사장 2만 6,000여 명에게 가장 이상적인 경영자가 누구인가 물었다. 고인(故人)이 된 마쓰시타 고노스케와 혼다 소이치로가 각각 1, 2위에 올랐고, 3위가 바로 이나모리 가즈오 명예회장이었다. 현존 인물 중에선 일본에서 가장 존경받는 경영자인 것이다.

하지만 그의 청춘 시절은 좌절의 연속이었다. 중학교 입시에서부터 낙방의 고배를 마셨고, 결핵에 걸렸다 간신히 나았다. 대학 시험은 1지망에 불합격했고, 고향의 대학을 졸업했지만 취업 시험에 번번이 낙방했다. 은사의 추천으로 중소기업에 입사는 했는데, 그 회사는 내일 당장 문을 닫는다고 해도 이상할 것이 없을 만큼 다 쓰러져 가는 회사였다.

그는 인생 역전(逆轉)의 비결을 "마음을 바꿔 먹은 데서 출발했다"고 했다. "'어떻게 해도 방법이 없다면 차라리 180도 마음을 바꾸어 일에 정성을 들이고 필사적으로 연구해 보자'는 마음을 먹게 됐습니다. 그 후부터 연구실에서 먹고 자는 날이 더 많을 정도로 필사적으로 실험에 열중했습니다. 그때 누적시킨 기술과 실적은 훗날 교세라를 일으키는 밑바탕이 되었습니다."

그는 27세 때인 1959년 300만 엔을 빌려 목조 창고에서 교세라의 전신인 교토세라믹을 세운다. 교세라는 세라믹을 소재로 한 전자부품의 제조·판매를 전문으로 하는데, 세계 대형 전자메이커 중에서 교세라와 거래하지 않는 곳이 드물 정도이다. 휴대전화와 태양광 발전 시스템도 만들며 주부들에게는 세라믹 칼로 유명하다.

이나모리 명예회장은 공대 출신이지만, 경영관리로도 명성을 쌓았다. '아메바 경영'으로 대표되는 분산형 조직과 투명하고 과학적인 회계시스템이 그것이다. 윤종용 삼성전자 고문은 "재고관리나 현금흐름은 교세라처럼 훌륭한 회사가 드물다"고 말하곤 했다. 이나모리 명예회장은 1984년 미지의 분야인 통신시장에 진출, DDI(현 KDDI의 전신)를 창업해 공룡기업 NTT에 맞서는 일생일대의 도박을 벌이고 나섰고, 결국 성공한다.

그는 사재(私財) 200억 엔을 출연, 일본의 노벨상으로 비유되는 '교토상'을 만들어 시상하고 있다. 그는 "회사는 세습해서는 안 된다"면서 65세이던 1997년 회장직에서 물러났다. 2005년엔 교세라 이사직을 사임하면서 받은 퇴직금 6억 엔을 몽땅 대학에 기부했다.

자본시장과 금융투자업에 관한 법률

[일부개정 2010.3.12. 법률 제10063호 시행일 2010.6.13.]

제1편 총칙

　제1조 (목적) 이 법은 자본시장에서의 금융혁신과 공정한 경쟁을 촉진하고 투자자를 보호하며 금융투자업을 건전하게 육성함으로써 자본시장의 공정성·신뢰성 및 효율성을 높여 국민경제의 발전에 이바지함을 목적으로 한다.

　제2조 (국외행위에 대한 적용) 이 법은 국외에서 이루어진 행위로서 그 효과가 국내에 미치는 경우에도 적용한다.

　제3조 (금융투자상품) ① 이 법에서 '금융투자상품'이란 이익을 얻거나 손실을 회피할 목적으로 현재 또는 장래의 특정(特定) 시점에 금전, 그 밖의 재산적 가치가 있는 것(이하 '금전 등'이라 한다)을 지급하기로 약정함으로써 취득하는 권리로서, 그 권리를 취득하기 위하여 지급하였거나 지급하여야 할 금전 등의 총액(판매수수료 등 대통령령으로 정하는 금액을 제외한다)이 그 권리로부터 회수하였거나 회수할 수 있는 금전 등의 총액(해지수수료 등 대통령령으로 정하는 금액을 포함한다)을 초과하게 될 위험(이하 '투자성'이라 한다)이 있는 것을 말한다. 다만, 다음 각 호의 어느 하나에 해당하는 것을 제외한다.

1. 원화로 표시된 양도성 예금증서

2. 수탁자에게 신탁재산의 처분 권한(「신탁법」 제42조 및 제43조에 따른 처분 권한을 제외한다)이 부여되지 아니한 신탁(이하 '관리신탁'이라 한다)의 수익권

② 제1항의 금융투자상품은 다음 각 호와 같이 구분한다.

1. 증권

2. 파생상품

가. 장내파생상품

나. 장외파생상품

제4조 (증권) ① 이 법에서 '증권'이란 내국인 또는 외국인이 발행한 금융투자상품으로서 투자자가 취득과 동시에 지급한 금전 등 외에 어떠한 명목으로든지 추가로 지급의무(투자자가 기초자산에 대한 매매를 성립시킬 수 있는 권리를 행사하게 됨으로써 부담하게 되는 지급의무를 제외한다)를 부담하지 아니하는 것을 말한다.

② 제1항의 증권은 다음 각 호와 같이 구분한다.

1. 채무증권

2. 지분증권

3. 수익증권

4. 투자계약증권

5. 파생결합증권

6. 증권예탁증권

③ 이 법에서 '채무증권'이란 국채증권, 지방채증권, 특수채증권(법률에 의하여 직접 설립된 법인이 발행한 채권을 말한다. 이하 같다), 사채권, 기업어음증권(기업이 사업에 필요한 자금을 조달하기 위하여 발행한 약속어음으로서 대통령령으로 정하는 요건을 갖춘 것을 말한다. 이하 같다), 그 밖에 이와 유사(유사)한 것으로서 지급청구권이 표시된 것을 말한다.

④ 이 법에서 '지분증권'이란 주권, 신주인수권이 표시된 것, 법률에 의하여 직접 설립된 법인이 발행한 출자증권, 「상법」에 따른 합자회사·유한회사·익명조합의 출자지분, 「민법」에 따른 조합의 출자지분, 그 밖에 이와 유사한 것으로서 출자지분이 표시된 것을 말한다.

⑤ 이 법에서 '수익증권'이란 제110조의 수익증권, 제189조의 수익증권, 그 밖에 이와 유사한 것으로서 신탁의 수익권이 표시된 것을 말한다.

⑥ 이 법에서 '투자계약증권'이란 특정 투자자가 그 투자자와 타인(다른 투자자를 포함한다. 이하 이 항에서 같다) 간의 공동사업에 금전 등을 투자하고 주로 타인이 수행한 공동사업의 결과에 따른 손익을 귀속받는 계약상의 권리가 표시된 것을 말한다.

⑦ 이 법에서 '파생결합증권'이란 기초자산의 가격·이자율·지표·단위 또는 이를 기초로 하는 지수 등의 변동과 연계하여 미리 정하여진 방법에 따라 지급금액 또는 회수금액이 결정되는 권리가 표시된 것을 말한다.

⑧ 이 법에서 '증권예탁증권'이란 제2항 제1호부터 제5호까지의 증권을 예탁받은 자가 그 증권이 발행된 국가 외의 국가에서 발행한 것으로서 그 예탁받은 증권에 관련된 권리가 표시된 것을 말한다.

⑨ 제2항 각 호의 어느 하나에 해당하는 증권에 표시될 수 있거나 표시되어야 할 권리는 그 증권이 발행되지 아니한 경우에도 그 증권으로 본다.

⑩ 이 법에서 '기초자산'이란 다음 각 호의 어느 하나에 해당하는 것을 말한다.

1. 금융투자상품

2. 통화(외국의 통화를 포함한다)

3. 일반상품(농산물·축산물·수산물·임산물·광산물·에너지에 속하는 물품 및 이 물품을 원료로 하여 제조하거나 가공한 물품, 그 밖에 이와 유사한 것을 말한다)

4. 신용위험(당사자 또는 제삼자의 신용등급의 변동, 파산 또는 채무재조정 등으로 인한 신용의 변동을 말한다)

5. 그 밖에 자연적·환경적·경제적 현상 등에 속하는 위험으로서 합리적이고 적정한 방법에 의하여 가격·이자율·지표·단위의 산출이나 평가가 가능한 것

제5조 (파생상품) ① 이 법에서 '파생상품'이란 다음 각 호의 어느 하나에 해당하는 계약상의 권리를 말한다.

1. 기초자산이나 기초자산의 가격·이자율·지표·단위 또는 이를 기초로 하는 지수 등에 의하여 산출된 금전 등을 장래의 특정시점에 인도할 것을 약정하는 계약

2. 당사자 어느 한쪽의 의사표시에 의하여 기초자산이나 기초자산의 가격·이자율·지표·단위 또는 이를 기초로 하는 지수 등에 의하여 산출된 금전 등을 수수하는 거래를 성립시킬 수 있는 권리를 부

여하는 것을 약정하는 계약

　3. 장래의 일정기간 동안 미리 정한 가격으로 기초자산이나 기초자산의 가격·이자율·지표·단위 또는 이를 기초로 하는 지수 등에 의하여 산출된 금전 등을 교환할 것을 약정하는 계약

　② 이 법에서 '장내파생상품'이란 파생상품으로서 파생상품시장에서 거래되는 것 또는 해외 파생상품시장(파생상품시장과 유사한 시장으로서 해외에 있는 시장과 대통령령으로 정하는 해외 파생상품거래가 이루어지는 시장을 말한다)에서 거래되는 것을 말한다.

　③ 이 법에서 '장외파생상품'이란 파생상품으로서 장내파생상품이 아닌 것을 말한다.

　④ 제1항 각 호의 어느 하나에 해당하는 계약 중 매매계약이 아닌 계약의 체결은 이 법을 적용함에 있어서 매매계약의 체결로 본다.

　제6조 (금융투자업) ① 이 법에서 '금융투자업'이란 이익을 얻을 목적으로 계속적이거나 반복적인 방법으로 행하는 행위로서 다음 각 호의 어느 하나에 해당하는 업(業)을 말한다.

　1. 투자매매업

　2. 투자중개업

　3. 집합투자업

　4. 투자자문업

　5. 투자일임업

　6. 신탁업

　② 이 법에서 '투자매매업'이란 누구의 명의로 하든지 자기의 계산으로 금융투자상품의 매도·매수, 증권의 발행·인수 또는 그 청약의

권유, 청약, 청약의 승낙을 영업으로 하는 것을 말한다.

③ 이 법에서 '투자중개업'이란 누구의 명의로 하든지 타인의 계산으로 금융투자상품의 매도·매수, 그 청약의 권유, 청약, 청약의 승낙 또는 증권의 발행·인수에 대한 청약의 권유, 청약, 청약의 승낙을 영업으로 하는 것을 말한다.

④ 이 법에서 '집합투자업'이란 집합투자를 영업으로 하는 것을 말한다.

⑤ 제4항에서 '집합투자'란 2인 이상에게 투자권유를 하여 모은 금전 등 또는 「국가재정법」 제81조에 따른 여유자금을 투자자 또는 각 기금관리 주체로부터 일상적인 운용지시를 받지 아니하면서 재산적 가치가 있는 투자대상자산을 취득·처분, 그 밖의 방법으로 운용하고 그 결과를 투자자 또는 각 기금관리주체에게 배분하여 귀속시키는 것을 말한다. 다만, 다음 각 호의 어느 하나에 해당하는 경우를 제외한다.

1. 대통령령으로 정하는 법률에 따라 사모(私募)의 방법으로 금전 등을 모아 운용·배분하는 것으로서 대통령령으로 정하는 투자자의 총수가 대통령령으로 정하는 수 이하인 경우

2. 「자산유동화에 관한 법률」 제3조의 자산유동화계획에 따라 금전 등을 모아 운용·배분하는 경우

3. 그 밖에 행위의 성격 및 투자자 보호의 필요성 등을 고려하여 대통령령으로 정하는 경우

⑥ 이 법에서 '투자자문업'이란 금융투자상품의 가치 또는 금융투자상품에 대한 투자판단(종류, 종목, 취득·처분, 취득·처분의 방법·수량·가격 및 시기 등에 대한 판단을 말한다. 이하 같다)에 관한 자

문에 응하는 것을 영업으로 하는 것을 말한다.

⑦ 이 법에서 '투자일임업'이란 투자자로부터 금융투자상품에 대한 투자판단의 전부 또는 일부를 일임받아 투자자별로 구분하여 금융투자상품을 취득·처분, 그 밖의 방법으로 운용하는 것을 영업으로 하는 것을 말한다.

⑧ 이 법에서 '신탁업'이란 신탁을 영업으로 하는 것을 말한다.

제7조 (금융투자업의 적용배제) ① 자기가 증권(투자신탁의 수익증권, 파생결합증권 중 대통령령으로 정하는 것 및 투자성 있는 예금·보험을 제외한다)을 발행하는 경우에는 투자매매업으로 보지 아니한다.

② 제51조 제9항의 투자권유대행인이 투자권유를 대행하는 경우에는 투자중개업으로 보지 아니한다.

③ 불특정 다수인을 대상으로 발행 또는 송신되고, 불특정 다수인이 수시로 구입 또는 수신할 수 있는 간행물·출판물·통신물 또는 방송 등을 통하여 조언을 하는 경우에는 투자자문업으로 보지 아니한다.

④ 투자중개업자가 투자자의 매매주문을 받아 이를 처리하는 과정에서 금융투자상품에 대한 투자판단의 전부 또는 일부를 일임받을 필요가 있는 경우로서 대통령령으로 정하는 경우에는 투자일임업으로 보지 아니한다.

⑤ 「담보부사채신탁법」에 따른 담보부사채에 관한 신탁업, 「저작권법」에 따른 저작권신탁관리업의 경우에는 신탁업으로 보지 아니한다. <개정 2009.4.22.>

⑥ 제1항부터 제5항까지 규정된 것 외에 다음 각 호의 어느 하나에

해당하는 경우에는 대통령령으로 정하는 바에 따라 제6조 제1항 각 호의 금융투자업으로 보지 아니한다.

1. 제373조에 따라 설립된 한국거래소(이하 '거래소'라 한다)가 증권시장 및 파생상품시장을 개설·운영하는 경우

2. 투자매매업자를 상대방으로 하거나 투자중개업자를 통하여 금융투자상품을 매매하는 경우

3. 그 밖에 해당 행위의 성격 및 투자자 보호의 필요성 등을 고려하여 금융투자업의 적용에서 제외할 필요가 있는 것으로서 대통령령으로 정하는 경우

제8조 (금융투자업자) ① 이 법에서 '금융투자업자'란 제6조 제1항 각 호의 금융투자업에 대하여 금융위원회의 인가를 받거나 금융위원회에 등록하여 이를 영위하는 자를 말한다. <개정 2008.2.29.>

② 이 법에서 '투자매매업자'란 금융투자업자 중 투자매매업을 영위하는 자를 말한다.

③ 이 법에서 '투자중개업자'란 금융투자업자 중 투자중개업을 영위하는 자를 말한다.

④ 이 법에서 '집합투자업자'란 금융투자업자 중 집합투자업을 영위하는 자를 말한다.

⑤ 이 법에서 '투자자문업자'란 금융투자업자 중 투자자문업을 영위하는 자를 말한다.

⑥ 이 법에서 '투자일임업자'란 금융투자업자 중 투자일임업을 영위하는 자를 말한다.

⑦ 이 법에서 '신탁업자'란 금융투자업자 중 신탁업을 영위하는 자

를 말한다.

제9조 (그 밖의 용어의 정의) ① 이 법에서 '대주주'란 다음 각 호의 어느 하나에 해당하는 주주를 말한다. <개정 2009.2.3.>

1. 법인의 의결권 있는 발행주식 총수를 기준으로 본인 및 그와 대통령령으로 정하는 특수한 관계가 있는 자(이하 '특수관계인'이라 한다)가 누구의 명의로 하든지 자기의 계산으로 소유하는 주식(그 주식과 관련된 증권예탁증권을 포함한다)을 합하여 그 수가 가장 많은 경우의 그 본인(이하 '최대주주'라 한다)

2. 다음 각 목의 어느 하나에 해당하는 자(이하 '주요 주주'라 한다)

가. 누구의 명의로 하든지 자기의 계산으로 법인의 의결권 있는 발행주식 총수의 100분의 10 이상의 주식(그 주식과 관련된 증권예탁증권을 포함한다)을 소유한 자

나. 임원의 임면(任免) 등의 방법으로 법인의 중요한 경영사항에 대하여 사실상의 영향력을 행사하는 주주로서 대통령령으로 정하는 자

② 이 법에서 '임원'이란 이사 및 감사를 말한다.

③ 이 법에서 '사외이사'란 회사의 상시적인 업무에 종사하지 아니하는 자로서 제25조에 따라 선임되는 자를 말한다.

④ 이 법에서 '투자권유'란 특정 투자자를 상대로 금융투자상품의 매매 또는 투자자문계약·투자일임계약·신탁계약(관리신탁계약 및 투자성 없는 신탁계약을 제외한다)의 체결을 권유하는 것을 말한다.

⑤ 이 법에서 '전문투자자'란 금융투자상품에 관한 전문성 구비 여부, 소유자산규모 등에 비추어 투자에 따른 위험감수능력이 있는 투자자로서 다음 각 호의 어느 하나에 해당하는 자를 말한다. 다만, 전

문투자자 중 대통령령으로 정하는 자가 일반투자자와 같은 대우를
받겠다는 의사를 금융투자업자에게 서면으로 통지하는 경우 금융투
자업자는 정당한 사유가 있는 경우를 제외하고는 이에 동의하여야
하며, 금융투자업자가 동의한 경우에는 해당 투자자는 일반투자자로
본다. <개정 2009.2.3.>

1. 국가

2. 한국은행

3. 대통령령으로 정하는 금융기관

4. 주권상장법인. 다만, 금융투자업자와 장외파생상품 거래를 하는
경우에는 전문투자자와 같은 대우를 받겠다는 의사를 금융투자업자
에게 서면으로 통지하는 경우에 한한다.

5. 그 밖에 대통령령으로 정하는 자

⑥ 이 법에서 '일반투자자'란 전문투자자가 아닌 투자자를 말한다.

⑦ 이 법에서 '모집'이란 대통령령으로 정하는 방법에 따라 산출한
50인 이상의 투자자에게 새로 발행되는 증권 취득의 청약을 권유하
는 것을 말한다.

⑧ 이 법에서 '사모'란 새로 발행되는 증권 취득의 청약을 권유하
는 것으로서 모집에 해당하지 아니하는 것을 말한다.

⑨ 이 법에서 '매출'이란 대통령령으로 정하는 방법에 따라 산출한
50인 이상의 투자자에게 이미 발행된 증권의 매도의 청약을 하거나
매수의 청약을 권유하는 것을 말한다.

⑩ 이 법에서 '발행인'이란 증권을 발행하였거나 발행하고자 하는
자를 말한다. 다만, 증권예탁증권을 발행함에 있어서는 그 기초가 되
는 증권을 발행하였거나 발행하고자 하는 자를 말한다.

⑪ 이 법에서 '인수'란 증권을 모집·사모·매출하는 경우 다음 각호의 어느 하나에 해당하는 행위를 하는 것을 말한다.

1. 제삼자에게 그 증권을 취득시킬 목적으로 그 증권의 전부 또는 일부를 취득하는 것

2. 그 증권의 전부 또는 일부에 대하여 이를 취득하는 자가 없는 때에 그 나머지를 취득하는 것을 내용으로 하는 계약을 체결하는 것

⑫ 이 법에서 '인수인'이란 증권을 모집·사모·매출하는 경우 제11항 각 호의 어느 하나에 해당하는 행위를 하는 자를 말한다.

⑬ 이 법에서 '증권시장'이란 증권의 매매를 위하여 거래소가 개설하는 시장으로서 다음 각 호의 것을 말한다.

1. 제4조 제2항 각 호의 증권의 매매를 위하여 개설하는 시장(이하 '유가증권시장'이라 한다)

2. 제4조 제2항 각 호의 증권 중 대통령령으로 정하는 증권의 매매를 위하여 개설하는 시장(이하 '코스닥시장'이라 한다)

⑭ 이 법에서 '파생상품시장'이란 장내파생상품의 매매를 위하여 거래소가 개설하는 시장을 말한다.

이 법에서 '상장법인', '비상장법인', '주권상장법인' 및 '주권비상장법인'이란 각각 다음 각 호의 자를 말한다. <개정 2009.2.3.>

1. 상장법인: 증권시장에 상장된 증권(이하 '상장증권'이라 한다)을 발행한 법인

2. 비상장법인: 상장법인을 제외한 법인

3. 주권상장법인: 다음 각 목의 어느 하나에 해당하는 법인

가. 증권시장에 상장된 주권을 발행한 법인

나. 주권과 관련된 증권예탁증권이 증권시장에 상장된 경우에는

그 주권을 발행한 법인

4. 주권비상장법인: 주권상장법인을 제외한 법인

<16> 이 법에서 '외국법인 등'이란 다음 각 호의 어느 하나에 해당하는 자를 말한다.

1. 외국 정부

2. 외국 지방자치단체

3. 외국 공공단체

4. 외국 법령에 따라 설립된 외국 기업

5. 대통령령으로 정하는 국제기구

6. 그 밖에 외국에 있는 법인 등으로서 대통령령으로 정하는 자

<17> 이 법에서 '금융투자업관계기관'이란 다음 각 호의 자를 말한다. <개정 2009.2.3.>

1. 제283조에 따라 설립된 한국금융투자협회(이하 '협회'라 한다)

2. 제294조에 따라 설립된 한국예탁결제원(이하 '예탁결제원'이라 한다)

3. 제324조 제1항에 따라 인가를 받은 자(이하 '증권금융회사'라 한다)

4. 제336조에 따른 종합금융회사

5. 제355조 제1항에 따라 인가를 받은 자(이하 '자금중개회사'라 한다)

6. 제360조 제1항에 따라 인가를 받은 자(이하 '단기금융회사'라 한다)

7. 제365조 제1항에 따라 등록한 자(이하 '명의개서대행회사'라 한다)

8. 제370조에 따라 설립된 금융투자 관계 단체

<18>이 법에서 '집합투자기구'란 집합투자를 수행하기 위한 기구로서 다음 각 호의 것을 말한다.

1. 집합투자업자인 위탁자가 신탁업자에게 신탁한 재산을 신탁업

자로 하여금 그 집합투자업자의 지시에 따라 투자·운용하게 하는 신탁 형태의 집합투자기구(이하 '투자신탁'이라 한다)

2. 「상법」에 따른 주식회사 형태의 집합투자기구(이하 '투자회사'라 한다)

3. 「상법」에 따른 유한회사 형태의 집합투자기구(이하 '투자유한회사'라 한다)

4. 「상법」에 따른 합자회사 형태의 집합투자기구(이하 '투자합자회사'라 한다)

5. 「민법」에 따른 조합 형태의 집합투자기구(이하 '투자조합'이라 한다)

6. 「상법」에 따른 익명조합 형태의 집합투자기구(이하 '투자익명조합'이라 한다)

7. 경영권 참여, 사업구조 또는 지배구조의 개선 등을 위하여 지분증권 등에 투자·운용하는 투자합자회사로서 지분증권을 사모로만 발행하는 집합투자기구(이하 '사모투자전문회사'라 한다)

<19> 이 법에서 '사모집합투자기구'란 집합투자증권을 사모로만 발행하는 집합투자기구로서 대통령령으로 정하는 투자자의 총수가 대통령령으로 정하는 수 이하인 것을 말한다.

<20> 이 법에서 '집합투자재산'이란 집합투자기구의 재산으로서 투자신탁재산, 투자회사재산, 투자유한회사재산, 투자합자회사재산, 투자조합재산 및 투자익명조합재산을 말한다.

<21> 이 법에서 '집합투자증권'이란 집합투자기구에 대한 출자지분(투자신탁의 경우에는 수익권을 말한다)이 표시된 것을 말한다.

<22> 이 법에서 '집합투자규약'이란 집합투자기구의 조직, 운영 및

투자자의 권리·의무를 정한 것으로서 투자신탁의 신탁계약, 투자회사·투자유한회사·투자합자회사의 정관 및 투자조합·투자익명조합의 조합계약을 말한다.

<23> 이 법에서 '집합투자자총회'란 집합투자기구의 투자자 전원으로 구성된 의사결정기관으로서 수익자총회, 주주총회, 사원총회, 조합원총회 및 익명조합원총회를 말한다.

<24> 이 법에서 '신탁'이란 「신탁법」 제1조 제2항의 신탁을 말한다.

제10조 (다른 법률과의 관계) ① 금융투자업에 관해서는 다른 법률에 특별한 규정이 있는 경우를 제외하고는 이 법이 정하는 바에 따른다.

② 금융투자업자가 금융투자업을 영위하는 경우에는 「형법」 제246조를 적용하지 아니한다.

③ 기업어음증권을 발행하는 경우에는 「전자어음의 발행 및 유통에 관한 법률」 제6조의2를 적용하지 아니한다. <신설 2010.3.12.> <시행일 2010.3.12.>

파이낸스 분야 세계적 석학인 르네 스툴츠 미국 오하이오대 교수는 '미국 기업은 왜 과거보다 많은 현금을 보유하고 있을까'(2009년 9월, Journal of Finance)라는 논문에서 미국 기업이 현금 보유를 늘리는 첫 번째 이유로 '현금 흐름의 리스크 증가'를 꼽았다. 과거에 비해 기업이 변했다는 점도 주목했다. 지난 26년 동안 자산 대비 현금 비율을 분석한 결과 재고자산과 외상매출금이 줄어들고 연구개발(R&D) 집약 쪽으로 기업이 변하면서 현금 보유 필요성이 증가했다는 것이다. 미국 기업이 배당을 크게 줄여온 것도 현금 증가와 관련이 있다. 현금배당과 관련해 많이 인용되는 고전적인 논문 파머 & 프렌치 교수 논문 '사라진 배당'(2000년)에 따르면 1978년에는 미국 상장 기업 중 66.5%가 배당을 했지만 1999년에는 20.8%로 줄었다. 이전에 비해 이익은 적고 성장 기회는 많은 소규모 기업 위주로 상장이 많이 됐기 때문이다. 매일경제신문은 스툴츠 교수와 이메일 인터뷰를 통해

---

19) 출처: 매일경제신문, 2010. 9. 24. 기사

기업의 현금 보유의 득실과 기업가치를 높이는 현금관리 전략에 대해 알아봤다. 스툴츠 교수는 기업이 현금 보유를 늘리는 이유는 불확실성 때문이지만 반대로 특별한 이유 없이 현금을 쌓아놓으면 경영진이 '사고를 칠 가능성이 많다'는 의견을 제기했다. 스툴츠 교수와 톱 저널에 논문을 여러 편 공동 게재한 고봉찬 서울대 교수가 인터뷰 내용에 대해 부연설명을 했다.

– 당신 논문에 따르면 미국 상장기업의 자산 대비 현금 비율이 1980년보다 2배 높아졌다. 미국 연방준비제도이사회(FRB)는 최근 미국 기업의 현금보유량이 1조 8,400억 달러(2010년 3월 기준)에 달한다고 발표했다. 기업들은 왜 이렇게 현금에 매달리고 있다고 보는가?

"최근 내가 쓴 논문 중 이 문제를 다룬 것이 있다. 금융위기는 상당한 '불확실성(Uncertainty)'을 가져왔다. 금융위기로 불확실성이 커지면서 기업들은 현금을 더 많이 보유하게 됐다. 최근 분석해 보니 리먼브러더스 붕괴(2008년 9월) 이후 6개월 동안 미국 대기업의 현금 보유액은 거의 1,000억 달러 가까이 증가한 것으로 나타났다."

– 월스트리트저널(WSJ) 기사를 보면 2009년 비금융업 분야 500대 기업의 자산 대비 현금보유 비율이 9.8%로 나타났다. 전년 7.9%보다 크게 높아졌다. 또 정보기술 분야 기업들이 타 산업에 비해 현금보유 비율이 더 높은 경향이 있는 것으로 분석했다. 이런 점이 시사하는 바는 무엇인가?

"현금보유 비율이 높은 기업들을 일일이 명확하게 들여다보진 않았지만 대규모 자사주 매입 계획을 가지고 있던 기업들이 금융위기가 터진 2008년 9월 이후 그 계획을 늦춰갔다. 이로 인해 해당 기업들은 현금 보유액이 크게 증가했다. 더 나아가 기업들이 대규모 투자를 해나가는 데 조심스러워했다. 최근 이런 산업에서 대규모 인수·합병 (M&A) 소식을 조금씩 볼 수 있는데, 이는 상황이 변하고 있는 것으로 보인다."

— 과거 자료를 기초로 볼 때 최적 현금보유액은 어느 정도라고 생각하는가?

"우리는 어떤 기업이 현금을 너무 적게 보유하고 있다거나 과도하게 보유하고 있는지를 계산해 내는 데는 능하다. 하지만 기업의 현금보유액이 많은지, 적은지 확신할 수 없는 넓은 영역이 있는 것도 사실이다."

너무 많은 현금 보유로 인한 비용은 (현금의 수익률이 낮다는 점보다) 기업들이 과도한 현금을 사용하기 위해 어리석은 일을 벌이는 경향이 있다는 것이다. 따라서 현금 과다 보유 기업은 자사주를 매입하거나 배당금을 지급하도록 하는 것이 더 낫다.

이에 대해 고봉찬 교수는 "미래 자금 수요나 투자기회에 대한 예비적 동기 이상 보유한 현금을 보유하고 있으면 그만큼 기회비용이 발생한다"고 설명했다. 이 때문에 경영진은 자본비용에도 못 미치는 수익률이 나오는 투자처에 돈을 투자하는 소위 과잉투자(비관련 다각화 등) 오류를 범하게 되고, 결국 기업가치가 하락하는 사례를 흔히 보게 된다는 것이다. 과잉현금을 과잉투자로 소진하면 주주는 배당도 받지 못한 채 미래에는 주가 하락으로 자본손실까지 보게 된다.

고 교수는 "따라서 과잉현금은 과잉투자 대신 주주에게 돌려주는 것이 대리인 비용을 줄이고 경제 전체적으로도 바람직하다"고 설명했다.

대리인 비용(agency cost)은 기업의 주인인 주주와 경영진 간 이해상충으로 인해 발생하는 문제를 의미한다. 확고하게 자리를 잡고 있는 경영진일수록 현금을 더 쌓아놓는 경향이 있으며, 동시에 이 초과현금을 재빠르게 사용해 버리는 성향도 나타난다. 뚜렷한 지배주주가 없는 신한금융지주 경영권 내분은 대리인 문제가 극단적으로 드러난 대표적인 또 다른 사례다.

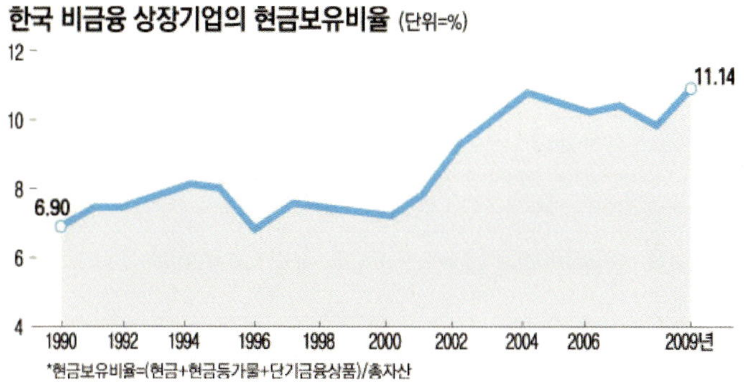

– 글로벌 금융위기 이후 비용을 줄이고 직원을 해고하면서 현금을 쌓아갔던 기업들이 올해 들어 다시 투자하기 시작했다. 올해 적지 않은 인수 계획이 발표됐다. 지금이 새로운 비즈니스를 위해 인수를

시도하고 설비 투자를 하기에 적당한 시기라고 생각하는가? 최근 비즈니스 동향을 기업의 현금 보유액이 최고점을 찍었다는 신호로 볼 수 있는가?

"M&A가 늘어나면 그동안 쌓아뒀던 현금을 소비하게 될 것이다. 하지만 시장에는 여전히 많은 불확실성이 존재한다. 미국에서는 더블딥에 대한 걱정이 빠르게 커지고 있다. 동시에 미국에서 세금이 높아질 가능성이 있는데 이로 인해 단기적으로 배당 등을 하게 될 여지가 있다."

ㅡ 한국 기업들은 현금을 많이 보유하고 있더라도 M&A에 보수적인 경향이 있다. M&A와 관련한 조언과 성공적 인수를 위해 지켜야할 원칙이 있다면?

"나는 한국 기업들이 스마트하다고 생각한다. 인수 기업의 주주 측면에서 M&A기록을 보면 썩 좋지 않다. 상장된 젊은 기업이 아직 상장되지 않은 다른 젊은 기업을 인수하는 건 좋은 것으로 보인다. 하지만 상장된 지 오래된 기업이 다른 오래된 상장사를 인수하는 건 좋지 않다."

스툴츠 교수는 「인수 기업의 주주는 인수로 이득을 얻었는가」(2003~2004년)라는 논문에서 미국 상장기업의 인수 발표 1만 2,023건을 분석한 결과 기업이 인수를 발표했을 때 이들 기업 주주들은 전체적으로 2,180억 달러를 잃은 것으로 분석했다.

특히 1997년 이후 손실은 더욱 커졌다. 기업 규모별로 보면 소규모 기업의 주주는 80억 달러를 벌었지만 대규모 기업의 주주는 2,260억 달러를 손해 봤다.

고 교수는 "보통 피인수 기업의 초과수익률은 높게 나오지만 인수 기업의 수익률은 아주 낮다. 따라서 기업은 인수 대상 기업을 적극적으로 물색하면서 시너지 효과가 무엇인지 찾아내야 한다. 또 인수 이후 통합 과정에서 원래 기대했던 것을 만들어 내려면 상당한 노력이 필요하다. 또 최근 몇 년간 한국 기업의 합병을 분석해 보면 상장기업이 비상장기업을 합병하는 형태가 많이 나타난다"고 설명했다.

S&P500 현금보유액 상위기업

(단위=억 달러)

1	GE	1,160
2	시스코시스템스	391
3	마이크로소프트	367
4	포드자동차	347
5	구글	301
6	애플	243
7	웰포인트	202
8	오라클	185
9	인텔	183
10	존슨&존슨	180

※2010년 1분기 기준. 자료=S&P's캐피털IQ

한국 상장기업 현금보유액

(단위=억 달러)

1	삼성전자	89
2	현대차	62
3	포스코	53
4	LG디스플레이	28
5	SK에너지	18
6	현대제철	17
7	기아L차	16
8	GS건설	12
9	하이닉스반도체	11
10	동국제강	10

※2009년 12월 결산. 달러환산. 자료=상장사협의회

– 어떤 기업들은 보유 현금을 인수나 투자 대신 현금 배당이나 자사주 매입에 사용하기로 결정하곤 한다. 배당이나 자사주 매입이 시장에 좋은 신호라고 생각하는가? 일부에선 배당이나 자사주 매입은 기업이 더 이상 새로운 비즈니스를 찾기 힘들다는 적신호로 받아들

일 수 있다는 의견도 있다. 아울러 배당과 자사주 매입 가운데 장기적인 관점에서 주주에게 더 도움이 되는 건 무엇이라고 생각하는가?

"기업은 배당을 줄이는 것을 극단적으로(extremely) 싫어한다. 따라서 시장에 보내는 시그널로는 배당이 더 가치가 있다. 일단 기업이 한 번 배당을 늘리고 나면, 이 정도 배당이 계속 유지될 것이라는 표시로 믿어진다. 하지만 자사주 매입은 그렇지 않다."

― 어떤 기업의 경영진은 보유 현금을 배당이나 자사주 매입 형태로 주주에게 기꺼이 돌려주지만, 또 다른 기업은 이를 꺼린다. 두 가지 기업 간에 어떤 특징적인 차이점이 있는가?

"두 그룹의 기업 경영진 모두 올바르게 일을 하고 있다고 볼 수 있다. 더 많은 현금을 보유하려는 기업이 있는 반면 좀 적게 보유하려는 기업이 있다. 하지만 만일 기업이 특별한 이유 없이 현금을 많이 보유하고 있다면, 적정 수준을 넘는 현금은 주주에게 돌려줘야 한다. 최고경영자(CEO)가 이를 원하지 않는다면 이는 곧 기업 주인의 의사에 반하는 일을 하고 있는 것과 마찬가지가 된다."

― 만일 당신이 구글이나 애플, 삼성처럼 현금을 많이 보유한 기업의 CEO라면 현금을 어떻게 관리할 것인가? 인수나 배당이나 자사주 매입 가운데 어떤 방식을 가장 선호하는가?

"단기적으로는 자사주 매입이 현금을 의미 있는 방식으로 줄이는 가장 합리적인 방법이라고 본다.”

이에 대해 고 교수는 “일시적으로 과잉현금이 있다고 현금 배당을 예년에 비해 대폭 늘리는 건 바람직하지 않다”며 “현금 배당의 증가는 기업의 미래 현금흐름에 대한 전망이 양호할 때만 하는 것이 일반적인 만큼 이때는 자사주 매입이 낫다”고 말했다.

배당은 주주에게 배당소득세가 원천징수되지만 자사주 매입은 주주의 선택에 따라 달라지기 때문이라는 설명이다. 고 교수는 “미래 수익가치가 현 주가보다 크다고 판단하는 투자자는 주주로 남을 것이고, 그렇지 않은 투자자는 주식을 매각해 투자금액을 환원받을 수 있다”면서 “자사주 매입은 주가 안정이나 적대적 M&A에 대한 방어수단 등으로 이용할 수 있어 미국에서도 배당보다 더 많이 사용되고 있는 추세”라고 덧붙였다.

찾아보기

임태순 ————————————————————————————————————

미국, Long Island University, MBA
미국, University of Wisconsin-Madison, ABD
인하대학교 경영학 박사
인천상공회의소 자문교수
경영지도사 시험출제위원
한국기업경영학회 상임이사
서울사이버대학교 학생지원처장 역임
서울사이버대학교 경영학과장 역임
서울사이버대학교 금융·보험학과장 역임
현) 한국경영사학회 이사
   한몽경상학회 부회장
   한국로고스경영학회 이사
   행복한 부자학회 감사
   서울사이버대학교 금융·보험학과 교수
   미국, Jones International University 겸임교수

『경영학의 이해』(2012)
『재무관리의 이해(제3판)』(공저, 2012)
『행복이 머무는 강화 이야기』(2012)
『주식시장과 투자』(2011)
『기업윤리』(2011)
『경영분석』(2011)
『재무관리』(2011)
『글로벌경영』(2011)
『금융시장』(2010)
『행복한 생활경영』(2010)
『핵심재테크』(2010)
『경영학 원론』(2010)
『리스크와 재무설계』(공저, 2008)
『인하연에 핀 연꽃』(공저, 2008)
『재무관리의 이해(개정판)』(공저, 2007)
『현대경영학의 개관』(공저, 2006)
『재무관리의 이해』(공저, 2004)
『현대경영학의 이해』(공저, 2001)

국제금융

초 판 인 쇄 | 2012년 7월 5일
초 판 발 행 | 2012년 7월 5일

지 은 이 | 임태순
펴 낸 이 | 채종준
펴 낸 곳 | 한국학술정보㈜
주　　　소 | 경기도 파주시 문발동 파주출판문화정보산업단지 513-5
전　　　화 | 031) 908-3181(대표)
팩　　　스 | 031) 908-3189
홈 페 이 지 | http://ebook.kstudy.com
E - m a i l | 출판사업부　publish@kstudy.com
등　　　록 | 제일산-115호(2000. 6. 19)

ISBN　　978-89-268-3510-4 93320 (Paper Book)
　　　　978-89-268-3511-1 98320 (e-Book)

이 책은 한국학술정보(주)와 저작자의 지적 재산으로서 무단 전재와 복제를 금합니다.
책에 대한 더 나은 생각, 끊임없는 고민, 독자를 생각하는 마음으로 보다 좋은 책을 만들어갑니다.